Nurys Beltré

El Cojín 2
Una respuesta para la Formación Integral

FORMACCIÓN

El Cojín 2, una respuesta para la Formación Integral

Copyright © 2015 - Nurys Beltré - FORMACCIÓN SRL

Reservados todos los derechos. Ninguna parte de esta publicación puede ser reproducida, distribuida o transmitida, por ninguna forma o medio, incluyendo: fotocopiado, grabación o cualquier otro método electrónico o mecánico, sin la autorización previa por escrito de la autora o editor, excepto en el caso de breves reseñas utilizadas en críticas literarias y ciertos usos no comerciales dispuestos por la Ley de Derecho de autor.
Corrector de Estilo: Dr. Francisco Pablo Fortuna.

Publicado por:

FORMACCIÓN SRL

ISBN: 978- 9945-8904-1-9

Primera edición: Impreso en E.U.A Febrero- 2016

Estas reflexiones están dedicadas, en forma especial, a todos aquellos que como yo, sueñan y creen en un mundo mejor.

A mis hijos Neiquel y Silviana; Carmen e Ismelda, palancas que mueven mi vida pues sin ellos nada tendría razón de ser.

A mis nietas Nicole Emilia, María del Carmen y María Alejandra, pues en cada una de ellas veo la continuidad del amor de madre que prodigo a mis hijos y que serán el sostén de nuestras vidas.

A mis nietos Paúl e Iker pues ellos son los pequeños retoños que generarán fuerza y vitalidad a esta familia.

A toda mi familia que siempre ha creído que yo puedo.

A mis alumnos/as en quienes he pensado y por quienes construyo esta propuesta para ayudarlos a creer en ellos mismos, en los demás, en la naturaleza y en Dios que todo lo puede.

A mis compañeros maestros, funcionarios y empleados de la UCSD de quienes en cada cojín hay parte de ellos.

A la Dra. Zeneyda de Jesús Contreras, por su apoyo incondicional para la producción de este material.

A Lourdes Díaz y al equipo de Neiquel Filpo y Asociados, por su colaboración y valiosos aportes para la producción y publicación de este libro.

CONTENIDO

I. PRIMERA PARTE
Prólogo 7
Introducción, notas de la autora 15
1. El Cojín del liderazgo estratégico 21
2. El Cojín del liderazgo auténtico 25
3. El Cojín del liderazgo de Jesús 29
4. El Cojín del liderazgo como Palanca para el éxito 37
5. El Cojín de la Acción 43
6. El Cojín de la Gracia 47
7. El Cojín de la Gratitud 51
8. El Cojín de la Dignidad 57
8. El Cojín de la Amistad 63
10. El Cojín de la Oración 69
11. El Cojín de la vida como un regalo de Dios 75
12. El Cojín de la Empatía 89
13. El Cojín del Hacer como forma de ser 93
14. El Cojín de la Disposición como forma de querer 97
15. El Cojín de la Respuesta y del Saber 103
16. El Cojín de la Prosperidad 109

II. SEGUNDA PARTE
17. El Cojín de la Reintegración 115
18. El Cojín de la Reconciliación 119

19. El Cojín de la Conexión con el Ser y la Trascendencia 125
20. El Cojín de las Cobijas 129
21. El Cojín de los Escenarios 133
22. El Cojín del Resurgir 137
23. El Cojín del Cambio 141
24. El Cojín de la Estima 147
25. El Cojín de la Misericordia 151
26. El Cojín de la Capa 157
27. El Cojín de la Botija 161
28. El Cojín del Desapego 167
29. El Cojín del Descubrir 171
30. El Cojín del Alma Grande 177
31. El Cojín de la Llave 183
32. El Cojín de la Espera 189

III. TERCERA PARTE

33. El Cojín del Renacimiento 197
34. El Cojín del Poder 199
35. El Cojín de la Brega 205
36. El Cojín de la Fuente 211
37. El Cojín de la Alforja 215
38. El Cojín del Baúl 221
39. El Cojín del Cofre del Tesoro 227
40. El Cojín de la Brasa 229
41. El Cojín de la Quiebra 233
42. El Cojín del Encuentro 237
43. El Cojín del acompañamiento 243
44. El Cojín de la Realidad 251
45. Una propuesta didáctica para trabajar los cojines orientados a la FIHR 259

PRÓLOGO

En esta oportunidad, tengo el grato honor de servir de introito y anunciar la segunda parte, de una obra indivisa, de reflexiones profundas, para deleitar a aquellos seres humanos que piensan, actúan, sienten y sueñan con un mundo mejor, de contenidos enfocados en el conocimiento, de los valores humanos, la valoración de la dignidad humana y la trascendencia espiritual, impregnados de pasión, sentimientos, emoción y razón que hacen, avivar el sentido, al encontrar en cada cojín escrito, un mensaje de aplicación a situaciones de la vida real.

La lectura del Cojín, una respuesta genial, 2da Parte, está calada de reflexiones que coinciden con la labor diaria del docente, que para la autora es una especie de anclaje de lo laboral con lo profesional y personal, además muestra en cada uno de ellos, sabiduría, conocimiento, una conciencia despierta y el disfrute de una vida plena en armonía a nuestra propia esencia y potencialidades.

Es así como encontrarás, el Cojín del Liderazgo Estratégico, que es el primero de cuarenta y seis que suman esta obra, en cada tratado lo referido al docente, al cual la autora indica lo trascendental de sus finas y delicadas intenciones de pretender lo escrito en su libro orientarlo en lo laboral y personal del docente, es a aquí donde inicia la misión marcada por un líder que requiere poseer visión y motivación, tomar decisiones, y enfrentar las diferentes situaciones que emprendemos en la vida. También conjuga el cojín del Liderazgo Auténtico, donde nos encontramos con ese tipo de líder que somete su voluntad a cambio de propuestas comunes sin imposición, actuando con espontaneidad y capacidades y en plena confianza de sí mismo, escucha, espera y confía en sus propios dones y talentos, así como en el de los demás, impulsado por la capacidad de amar y de transformar nuestra manera de ver la vida.

El cojín del Liderazgo de Jesús orienta a una construcción de valores y actitudes, siendo Jesús el primer maestro que impregna y deposita la confianza y los valores como: certeza, verdad, amor, energía, con una dinámica que entrega a través del ejemplo los valores para una vida digna, la verdad de su palabra y el bien para la humanidad. Describe a Jesús como el líder guía del acompañamiento, del encuentro, de la acogida, y el accionar que asume el compromiso que trasciende a toda condición humana donde se pone de manifiesto el verdadero liderazgo.

La autora en esta segunda parte comunica con gran fuerza esa capacidad y actitud de estar dispuesto a volver a empezar con el inmenso coraje que nos da la vida para empezar de nuevo, por otra parte, se inunda de entusiasmo cuando se refiere al dar la gracia que emana de esa virtud del ser referida en cada cojín; el agradecimiento que nos eleva a la dimensión divina de dar y recibir; con el sentimiento de la gratitud que nos da la vida, como un regalo de Dios elevamos nuestro espíritu, forjamos nuestras actitudes impreganda de gratitud, generosidad, compromiso y solidaridad.

La atención a los demás, el aprecio, el valor y la consideración se ponen de manifiesto con la **dignidad,** don de Dios, en virtud del derecho que tiene todo ser humano de ser respetado, valorado como persona, es por ello que la **dignidad** nos engrandece cuando la sabemos enfrentar con el más alto valor humano. En una mirada más profunda descrita lcomo fuerza, integridad, poder, verdad y respeto.

La amistad es otra expresión que aborda la autora, cuando trata la relación de los seres humanos y manifiesta que la amistad hace resplandecer más la prosperidad al compartir y respetar la diversidad. Más aún amplía, un buen amigo es como el ganso que siempre está dispuesto a dar y recibir ayuda, se anima y motiva para ayudar a los otros, aletea para generar impulso y potenciar la fuerza de los demás.

A partir de aquí, en esta obra cada cojín representa una cobija para la convivencia, un torrente de capacidad que fluye como la savia que circula llevando alimento a las plantas, asimismo, en nuestro interior circula la esencia que guardamos dentro de sí, como son las intenciones y el pensamiento que la autora pone en cada párrafo construido siendo uno de lo que comento: el Cojín de la Paz, se traduce en armonía, tan necesario cuando se presentan los conflictos y la crisis; cuando enfrentamos la arrogancia que nos pega en las nariz, el efecto ante estos, ha de ser mostrando actitudes de paz, de tolerancia y tranquilidad.

En consonancia con el cojín de la paz, describo los demás Cojines que nos alientan a tener paciencia y nos ayuda a equilibrar nuestra tolerancia, a alinear mente, cuerpo y espíritu, como si se trata de la fuerza planetaria que ejerce el equilibrio en la escala de las emociones, sentimientos e ilusiones para que en medio de ellos, se describa la elipse de la órbita en que viajan los planetas junto al sol y circulen alrededor dos elementos esenciales: los conocimientos y razonamientos.

Consecuente con lo comentado la autora hace referencia a El cojín de la Comprensión y la Amabilidad, Cojín que nos dirige hacia nuestra interioridad, en esas cavidades profundas, donde reside la fuerza, junto al poder y a la luz y hace que aparezca la comprensión, mostrándonos actitudes afectivas de alto significado para entender y reaccionar con pensamiento crítico para entender la realidad que nos toca vivir.

Con el Cojín de la Humildad se cierra el primer círculo de convivencia profunda que aborda la autora, desde la perspectiva de mi interpretación es aquí, donde está consumado la mirada interior y la respuesta puntual y de servicio, a mi modo de ver, haciendo la diferencia de la arrogancia a la humildad, sin que esta sea quebrada y trastocada por bajos sentimientos oscuros y mezquinos que quebrantan las buenas prácticas de convivencia.

Continuando la línea descriptiva que se marca en la trayectoria de esta producción prolija de la autora, de la 2da parte del Cojín, lo que aborda te situará en una línea que sin ser imaginaria, está cargada de una lógica que encierra valores y principios para construir un canto a la vida y una oración de esperanza colocados en el horizonte de la mente humana y dado en una realidad consustancial de revaloración, asimismo nos refiere la autora al Cojín de la Amistad y nos coloca en el otro lado extraordinario del poder de la amistad vista así las relaciones, la capacidad de dar un valor agregado a la vida, esa visión que trasmuta los valores de lealtad y compañía, en ese nexo relacional, que conecta la amistad, atenta en el marco de las aspiraciones manifiesta y que nos mantiene atentos de manera condicional. En esta parte, muy convencida, cita la autora a Cicerón quien expresa: *"La amistad hace resplandecer más la prosperidad y aminora la diversidad dividiéndola y compartiéndola".*

Siguiendo en conexión con ese desarrollo de la línea armoniosa que refleja la obra, referimos el Cojín de la Oración, que la autora particulariza en ser el medio por el cual nos comunicamos con Dios, es para ella, el néctar que nos mantiene en constante e íntima relación con Dios y en audiencia para pedir ayuda, dirección, apoyo y gracia para entrelazar sentimientos y emociones, para vencer miedos, pedir perdón, sanación, seguridad y bendición. Es la parte que la autora se detiene e inserta esta frase de Juan Pablo II: *"orar no significa solo que podemos decir a Dios todo lo que nos agobia, orar significa, también callar y escuchar lo que Dios nos quiere decir".*

Una purificación pareciera cerrar esta parte para sellar en el Cojín de la vida un regalo de Dios, el cual está impregnado en el valor de la vida, que es un don que viene de lo alto. Es así como la autora con una habilidad sorprendente atiende a señalarnos que la vida está llena de paradojas, una es ley del universo que actúa y otra es que las actuaciones vuelven a ti crecidas y multiplicadas.

Hasta llegar nuestra lectura a este cojín, las expresiones que la autora nos hace reflexionar al plantear esta conceptualización de la vida por lo que dice: esta encierra una gran sabiduría que está en las cosas que nos rodean y profundiza indicando que ellas se desgastan, se agrietan, se maltratan, en fin nos ponemos viejos, con el paso del tiempo que inexorable nos pide cuentas, al plantear una dinámica que nos aporta la vida, en el manejo del tiempo nos lleva a agradecer y valorarla..

El aprender, construir y reconstruir nuestro cojín para vivir, nos presenta el Cojín de la Empatía, es así como buscamos reconocer que podemos vivir de forma separada respecto a los demás y encontrar los elementos comunes que nos unen, en lugar de los que nos separan, la magia está en la capacidad de comprensión de la realidad del otro.

La autora, en esta parte de la obra cerca un laberinto de posibilidades al escribir varios cojines que a modo de conectores penetran en cada esencia de ellos, marcan un tetraedro hasta llegar a encontrar en cada vértice el punto de partida para dibujar la figura de la misma vida.

Estos cojines son: el Cojín del Hacer; que es tomar decisiones sostenidas en la razón con el uso pleno de las capacidades; en esa misma vuelta del ciclo vital se desenrolla el Cojín de la Prosperidad, la clave para tomar conciencia de como vivir y es en el Cojín de la Reintegración, una pista en retorno, nos conduce al reencuentro con la vida, que me hace volver a empezar. Y en ese canto a la vida nos situamos en el Cojín de la Reconciliación, aquí nos acomodamos con la capacidad de amar y canalizar nuestras energías para mejorar y nos conduce a renovarnos y perdonarnos nosotros mismo y a los demás y fluye una energía con capacidad de renovarnos para comenzar de nuevo.

La obra escrita con avidez y talante de maestra, encontró espacio para referirse a los cojines que se acomodan para servir de asiento o cubierta de protección y es aquí el Cojín de las Cobijas, que invita a la protección a abrir para recibir el bien y las bendiciones de Dios, por tanto la cobija nos sirve para protegernos de la intemperie, del sereno, del rocío, la lluvia, o el frío, siendo aquello que se convierte en la cubierta antes que sea una amenaza a nuestras intimidades y pueda dañar o deteriorar la calidad de lo vivido o nos llegue a causar daño.

Finalmente, termino este prólogo, acomodando una metodología pedagógica que ha hilvanado la hechura de esta obra de esencia axiológica y con un sentido didáctico con pragmatismo que sella la autora con unos Cojines que resultan una promesa y una expectativa de trascendencia especial acunado y acentuado en la capacidad humana que fluye desde nuestro interior, el Cojín de los Escenarios, nos conduce a los tres momentos del tiempo del pasado, el presente y el futuro con lo recurrente de estar atento al Cojín de la Misericordia gratuidad de Dios para con nosotros.

La autora y maestra, termina su obra disponiendo de varios cojines como si se tratara de dejarnos un legado para que en el paso de la vida no nos falte la capa que nos cubre, la botija enterrada, lo que estaba disponible tan cerca de mí y lo descubrí. También exalta la grandeza del alma en su doble de humano y divino; en determinadas ocasiones nos da la llave para abrir el sendero de la espera, del poder, de la fuente, de la brega y como una plataforma articulada y coherente guarda y custodia la alforja, el baúl y el cofre del tesoro, donde se guarda el calor de las brasas que calientan nuestros inviernos.

Confieso que me hago cómplice, para evocar la recomendación a los Maestros/as del Sistema Educativo Dominicano para trabajar el Área de Formación Integral Humana y Religiosa El Cojín, una Respuesta Genial para la formación Integral, 2da Parte.

Profesora Emérita
Dra. Zeneyda de Jesús Contreras
- junio 2015 -

INTRODUCCIÓN

Esta segunda parte de El cojín, una respuesta genial para la formación integral de las personas tiene como palanca impulsora los valores de la dignidad humana que aquí reflexionamos, el liderazgo estratégico para servir y asumir el compromiso de ayudar a mejorar las relaciones consigo mismo, con los demás, con la naturaleza y con Dios. Con los cojines en su segunda parte, buscamos despertar la conciencia hacia la responsabilidad de vivir una vida plena, en armonía con nuestra esencia, dones y talentos, y con el ser y el estar a partir de un liderazgo que nos abra al cambio, que equilibre el saber con el proceder y que nos haga competentes en el hacer las cosas bien.

El liderazgo que aquí reflexionamos es un liderazgo que mueve las energías del corazón relacionadas con la belleza, el amor, la armonía, la comprensión y la tolerancia para desde la fuerza del ser, mover y dejarse mover por las fuerzas del bien, asumimos un líder que tome como modelo el liderazgo de Jesús, líder de líderes, el más autentico y verdadero líder, el que nos enseñó a morir, pero que sobre todo nos enseñó a vivir.

En extenso los cojines se convierten en la almohada o colchón que no nos dejan estrellarnos contra las esquinas de la vida, la sensación de desamparo, de miedo o debilidad, convirtiéndose en el mejor aliado contra el insomnio, la ansiedad y la angustia, nos abren a la trascendencia para vivir en consonancia con nuestra vida de cristianos, de hijos de Dios.

Al decir del Padre Julian Acosta los cojines son *"una ternura esperanzadora que conforta y fortalece"*. Asimismo al decir de mi gran amiga y colega Zeneyda de Jesús Contreras, los cojines son *"un deleite para el espíritu que sella, lava y limpia el alma"*.

Los cojines, al decir de muchos, son reflexiones profundas, expresadas con palabras sencillas que contribuyen a la formación integral de las personas. Son revelaciones sobre el don de la vida, sobre la dignidad humana, la gracia y los bienes que hemos recibido de Dios y con ellos el compromiso y la responsabilidad de hacerlos productivos. Constituyen en fin un legado de valores, que una vez asumidos *"confieren dignidad a nuestras acciones otorgándole a nuestra vida su pleno sentido"*. ¡En hora buena!.

En esta segunda parte del cojín una respuesta genial, orientado a la Formación Integral Humana, ponemos el énfasis en la necesidad de cambiar nuestros paradigmas con respecto a nosotros mismos, al mundo que nos rodea, al respecto de los demás y en lo referente a nuestra percepción consciente de la trascendencia a partir del amor divino, expresado en cada uno de nosotros. Por todo esto, nuestra propuesta esa orienta en la pedagogía de la integración, que ve al ser humano como una unidad, cuya felicidad la logra en la armonía de su realidad física, psicológica, inteligente y trascendente; capaz de vivir las virtudes, como armonía que permite querer lo mejor, hacer lo mejor y disfrutar lo mejor.

En esta entrega especial de los cojines, hago una dedicatoria tambien especial a las **Almas Grandes**, alma de luz, líderes auténticos, almas que se rinden ante Dios en obediencia condiada , almas que son alegría y mueven fuerzas y energías positivas, almas profundas, como profundo e inconmesurable es el amor divino. Almas que piensan en grande, ven en las cosas la grandeza y se lanzan en busca de lo grande, que es en la humildad del alma humana.

I. PRIMERA PARTE

1
EL COJÍN DEL LIDERAZGO ESTRATÉGICO

El proceso de elaboración del cojín para el liderazgo estratégico, es acompañar caminando junto a los miembros de la comunidad para desarrollar acciones orientas al bien común, sentirse alegres por estar unidos como equipo y sentir la plenitud de saberse hijo de Dios.

A continuación se presentan las fases que identifican las características del liderazgo estratégico, a saber:

Fase I-El líder estratégico crea el cojín con una visión estratégica al respecto de si mismo y de los demás:
- Elabora un plan gráfico, con personalidad propia y/o identidad del grupo.
- Visualiza lo que quiere que se produzca en la comunidad o en el grupo.

- Enumera y delinea aspiraciones personales y del grupo.
- Plantea en forma clara hacia dónde se dirige y quiere que se dirija el grupo.

Fase II-El líder estratégico se plantea objetivos y metas:

- Identifica el propósito o intención para crear el cojín estratégico.
- Define el qué, el cuándo, el por qué y el para qué de la estrategia.
- Propone la mejora de las actuaciones, la vitalidad y la competitividad personal y grupal.
- Define los plazos para el logro de las metas.

Fase III -El líder estratégico, exalta la motivación y el emprendurismo:
- Imprime pasión y emoción para elaborar y usar el cojín estratégico.
- Promueve los beneficios que dará a la vida de cada uno de los miembros del grupo el cojín estratégico.
- Conoce otros planes y usos del cojín estratégico para seleccionar el apropiado.
- Motiva a las personas involucradas en las acciones para el logro de las metas.
- Persevera en las acciones para el logro de las metas individuales y grupales.

Fase IV-El líder estratégico identifica la misión:

- Diagnóstica la situación y toma en cuenta el punto de referencia que se propone para construir el cojín estratégico.
- Marca el rumbo a tomar y sugiere la estrategia a

asumir.
- Indica el propósito final a obtener.
- Indica el motivo o deseo de emprender nuevas acciones y estrategias para el bien del grupo.
- Señala la necesidad de establecer una relación entre los componentes de la estrategia y/o de los miembros del grupo.
- Es el espíritu, esencia o principio de lo que se desea obtener para beneficio del grupo, punto focal de la estrategia.

Fase V –El líder estratégico pone el cojín en acción:

- Construye la estructura organizacional del cojín estratégico.
- Identifica los recursos para construir el cojín estratégico.
- Selecciona las políticas de uso del cojín estratégico.
- Instituye las mejores prácticas, uso y manejo del cojín estratégico.
- Se apoya en un sistema de información.
- Sigue los objetivos identificados para la elaboración del cojín estratégico y el logro de las metas.
- Mantiene relaciones armoniosas con las personas que convive en el grupo.
- Ordena las ideas en función del bienestar del grupo.

Fase VI – El líder estratégico evalúa y controla el uso del cojín:

- Hace los ajustes y correcciones de lugar.
- Identifica fortalezas, debilidades, avances y retrocesos.

- Identifica oportunidades y amenazas.
- Lidera una gerencia creativa e innovadora.
- Evalúa y observa las actitudes con respecto a lo que visualiza el grupo.

Fase VII –El líder estratégico toma las decisiones para el cambio y la innovación:

- Identifica, analiza y evalúa las alternativas para la resolución de los conflictos, a partir de un plan de mejora.
- Elige la mejor opción para resolver situaciones que se presentan en el grupo.
- Hace uso racional de la toma de decisiones para elegir la mejor opción.
- Mejora la realidad existente.
- Transforma la realidad desde las acciones motivadoras para el cambio.
- Anima el desarrollo de propuestas de cambio en las relaciones del grupo para la mejora.

2
EL COJÍN DEL LIDERAZGO AUTÉNTICO

Valor y actuud para la FI: "El que quiere ser líder debe ser puente".
(Proverbio Gales)

En este proverbio se deja abierta la posibilidad de escoger cual es el valor o actitud que vamos a asumir para pasar y dejar pasar a los otros por el puente; El líder es puente del amor que comparte con los miembros de su comunidad, con sus amigos cercanos y lejanos, por que el amor no conoce fronteras y nos conduce a buscar el bien en nosotros y a reciprocarlo a los demás.

El líder puente es auténtico, es una autoridad, ya lo dijo J. Hunter: *"la auténtica autoridad del ser humano está en el servicio y el sacrificio"*. El líder somete su voluntad al logro de objetivos comunes, potencializando todas sus facultades al servicio de los demás: este comportamiento genera que sus acciones sean seguidas por otros, en forma natural y que respeten su jerarquía.

El líder puente como la hormiga, convierte su carga en puente para cruzar los obstáculos y avanzar en su camino; un líder auténtico maneja la carga, vence la prueba y construye puentes para cruzar a la otra orilla.

El liderazgo auténtico suele ser situacional o inductivo, en ningunos de los casos el líder auténtico se impone. Ayuda a los otros a construir peldaños para subir más alto, crea condiciones para lograr los sueños, usa escaleras para alcanzar el éxito, construye puentes para obtener el triunfo, pues según Jhon Maxwell, *"Cuando ayudo a alguien a subir un escalón me elevo con el"*.

Muchas veces se llega a ejercer el liderazgo en forma espontánea, pero demanda que el líder posea ciertas capacidades que desarrolla como competencias:

- Sabe comunicar
- Cierra brechas
- Maneja situaciones
- Toma decisiones audaces y bien ponderadas
- Toma riesgos y salva situaciones
- Es determinado y actúa cabalmente
- Es agradecido y se compadece
- Inspira a otros a lograr sus sueños
- Establece relaciones de iguales
- Se permite cometer locuras
- Asume compromisos en forma justa
- Influye en los otros en forma positiva
- Es autónomo y con buena actitud

El liderazgo auténtico nace en el espíritu, se fundamenta en la humildad, abriéndose a nuevos escenarios como la comprensión al escuchar, saber dar una palabra de aliento, y realizar acciones a favor de los demás.

El líder espiritual se fundamenta en la fe *"ve lo invisible, cree lo increíble y recibe lo imposible".*

Es acción que nos orienta a proseguir, es oración que nos guía para no flaquear, es meditación que nos eleva a la comprensión.

El líder auténtico tiene confianza en sí mismo, cree que puede y hace todos los amarres necesarios para llevar a la práctica todas sus inspiraciones, entusiasmos, integridad, comprensión, lealtad y compromiso; El verdadero líder no se deja vencer por los saboteadores de sueños, sueña e inspira a otros a soñar.

El liderazgo auténtico está basado en la confianza; escucha, espera y confía en sus dones y los dones de los demás, en sus talentos y los talentos de los otros, en la gracia que le viene del altísimo; dispone todo su accionar en la esperanza fuente de la confianza que depositamos en las cosas que pensamos, que sentimos y que hacemos, en la decisión por el éxito y el logro de los sueños.

¿Quién es un líder auténtico? Si vemos el líder desde su capacidad de amar y darse a los demás, tenemos que verlo como un ejemplo a seguir ya que, en forma creativa; se conmueve y nos mueve a transformar nuestras maneras de ver y amar la vida; convirtiéndose en un guía que desarrolla nuestras potencialidades; actúa desde la verdad, evalúa sus éxitos y fracasos, es fiel a su realidad y asume sus decisiones con honestidad, se proyecta a:

- Agradecer la vida, regalo de Dios.
- Tener capacidad de amar.
- Actuar con seguridad, porque confía en Dios.
- Sentir pasión por lo que hace.
- Prepararse para hacer aquello que le apasiona.
- Tener capacidad de reflexión.
- Ser asertivo en las toma de decisiones.
- Tener dudas en forma razonable.
- Tener capacidad de ver para otro lado.
- Tener consideración y alta estima por él y por los demás.
- Tener capacidad de convencimiento para ayudar a los demás.
- Tener reflexividad con visión de futuro.

3
EL COJÍN DEL LIDERAZGO DE JESÚS

Valor y Actitud para la FI: "Cristo manifiesta plenamente al propio hombre y le descubre la grandeza de su vocación"
GS 22:1

Hemos escuchado de diferentes fuentes que *"el líder convence y vence"* o *"el líder conduce y seduce"*, en cualquiera de los planteamientos lo cierto es que el verdadero líder tiene que ir más allá que guiar a un grupo, tiene que ejercer, como Jesús el kerigma, que no solo da a conocer el mensaje, sino que ilumina el entendimiento, llevando a sus seguidores al conocimiento de la verdad.

El liderazgo de Jesús **se basa en el calor que transmite, la confianza que impregna** a quienes lo siguen y **la certeza de verdad** de sus palabras. Es un liderazgo que nos da seguridad, esperanza y gratitud por la vida y lo que somos.

El liderazgo de Jesús se basa en la confianza que da a quienes lo siguen, y de la que habla el Apóstol Pablo en 1Timoteo 1:12 *"Doy gracias al que me da la fuerza, a Cristo Jesús, por la con-*

fianza que tuvo al llamarme al ministerio".

De la cita de Pablo en 1 Timoteo 1:12 se desprende otra faceta del liderazgo de Jesús, **el servicio**, en el que Jesús no busca su gloria sino el bien para la humanidad.

El liderazgo de Jesús es **auténtico, se basa en la verdad**, claramente dicha en Juan 18:37, "*Yo doy testimonio de la verdad, y para esto he nacido y he venido al mundo. Todo el que está del lado de la verdad escucha mi voz*".

El liderazgo de Jesús **sacude las gentes en forma tierna**, pues irradia la fuerza armonizadora del amor; modela poco a poco el corazón de quienes lo siguen, invita a hacer preguntas, mira con ojos de vida, de perdón y misericordia.

Con fuego en sus palabras **Jesús** atrae la calma, pues trata la gente con amabilidad para conquistar su disponibilidad a partir de la evidencia de su amor por ellos; el buen líder como Jesús

- Se relaciona con los amigos, sabe que pueden contar con él o con ella, **es un compañero.**
- No se la cree, cree y respeta a los otros; evalúa y se autoevalúa, sabe quién es, **es asertivo.**
- No espera que lo consideren líder, se asume como tal; es fiel a sí mismo y a su gente, **tiene confianza en sí mismo.**
- No representa la obra, vive y es protagonista de cada acto de la obra; estudia y reflexiona cada intervención, **es un actor.**
- No se sirve de la comunidad, sirve a la comunidad; sabe que la comunidad es la razón de ser de su lide-

razgo, **es un servidor.**
- No tiene dudas al respecto de sus talentos, sabe cuáles son sus dones y los usa; aunque sepa que es martillo sabe que hay clavos grandes, clavitos y puntillas, **aprovecha sus talentos.**
- No surfea en cualquier ola, sabe esperar su ola; espera el momento preciso y se abre a las oportunidades, **es un salva vidas.**
- No se conforma con el control y la técnica, ilusiona, emociona y encanta; despierta sentimientos positivos, moviliza la gente, con confianza y responsabilidad, **es un gerente.**
- No se conforma con ser líder, motiva y guía a los demás; ejerce su auto liderazgo, se valora así mismo y sabe reconocer y liderar a los otros, **es un coaching.**
- No se deja llevar por lo primero que se le ocurra, se da su tiempo y deja a Dios actuar, **es paciente.**
- El buen líder como Jesús, usa la fuerza contrastante de las parabolas **para impactar a la gente**, con respeto y misericordia.

Jesús es líder desde antes de ser concebido, pues desde entonces **atraía a las gentes** a hablar de su llegada, desde su concepción **movilizó** a reyes, pastores y a todo el mundo a esperar su llegada y cuando llega **sorprende y encanta,** por tanto:
- El liderazgo de Jesús usa la fuerza envolvente que hace que sus seguidores se **sientan implicados** en el trabajo, en la búsqueda de las metas. En la búsqueda del reino de Dios.
- El liderazgo de Jesús se fundamenta en la paz, en la unión y la armonía como el camino al bienestar,

Jesús exhorta a no litigar, no enjuiciar, no separar y da un **no rotundo a la discordia.**
- El liderazgo de Jesús es la fuente de luz que nos ilumina con sus palabras, con su accionar y con su actitud siendo ejemplo y modelo de los lideres iluminados que ha tenido la humanidad.
- El liderazgo de Jesús se basa en el **conocer**, pues Él nos conoce y está siempre cerca; es digno de seguir pues Él es el verdadero líder, el auténtico líder, el único líder. *"Es quien sabe dar las respuestas a todos nuestros por qué", "solo a imitación de Jesús pueden surgir los hombres nuevos".* S. Juan Pablo II.
- El liderazgo de Jesús es un liderazgo de acompañamiento, de amistad y de guía, como lo hizo con los discípulos de Emaús, dándole el verdadero rumbo a nuestro camino y conduciéndonos a lugares seguros. Es un liderazgo basado en la confianza, como demostró Jesús en las plegarias del monte de Getsemaní cuando pidió: *"Padre, no se haga mi voluntad sino la tuya".* Es el amigo del que no podemos prescindir, *"Él es el único que no defrauda".* San Juan Pablo II

Jesús es el líder de **la espera**, no se rinde y espera que como el hijo pródigo volvamos a Él aún con el cansancio y el polvo del camino.- Es el líder de **la búsqueda**, como buen pastor busca la oveja perdida, la encuentra y la cuida._ Es el líder **del perdón** que escucha, es compasivo y nos renueva. - Es el líder de **la salvación**, pues asume de los creyentes sus faltas y pecados y los redime._Es el líder **del descanso y del alivio** *"Venid a mi todos los que estén fatigados y oprimidos que yo os aliviare".* - Es el líder **del encuentro**, pues por más alejados que estemos Él saldrá a nuestro encuentro. *"Con Él podemos encontrarnos siempre, porque está saliendo siempre a nuestro encuentro."* S. Juan Pablo II. _ Es el líder de **la acogida**, que nos abraza, reconforta y alienta en momentos de crisis. -Es un líder **cercano** que viene siempre contigo y que está en el rostro del hermano.

Jesús es un líder de **compromiso, demostrado** con la salvación y la reivindicación del ser humano. - Jesús es el líder del compartir, al partir el pan en la santa cena dejándonos con esta acción su ejemplo para que actuemos como Él. - Jesús es el líder del amor, representado en el sacrificio, al derramar su sangre valiosa por nosotros. Jesús es el líder de la renuncia, por su desprendimiento manifiesto en la entrega de su cuerpo físico, para dar paso a la mayor verdad de la vida, nuestro Cristo interno y la gracia de ser hijos de Dios.

El liderazgo de Jesús se basa en el magnetismo que irradia su presencia, que lo envuelve a uno en un toroide de amor, de calor, de bendiciones, de gozo y de una gracia infinita que lo puede todo, que trasciende toda condición humana y que trato de expresar en estos versos:

JESÚS
(Fragmento).

…¿Dónde está Jesús?
una voz,
nacida de la conjugación
de todas las voces
del pueblo preguntó,

¿Dónde está el maestro?,
la muchedumbre gritó,

!Quédate con nosotros,
eres nuestro líder y guía!
Y yo respondo.

Jesús es el guía,
que acompañó,
a los discípulos de Emaus,
Jesús eres tú,
cuando sigues su camino,
Jesús somos todos
cuando hacemos lo mismo.

¿Cuándo viene Jesús?
Jesús no viene,
porque jamás se ha ido,
si abres tus oídos
te darás cuenta
que viene siempre contigo.

¿Quién es Jesús?,
Jesús es el amigo,
que no te falla,
Jesús es la respuesta,
a tus interrogantes,

Jesús es la esperanza,
que nunca te defrauda,
Jesús es la palabra,
que siempre te consuela,
Jesús es el camino,
Que sirve de senda,
para nacer de nuevo.

El liderazgo de Jesús data de más de 2000 años y ha transformado al mundo. Su vida está llena de vivencias y experiencias, como todo buen maestro y como hombre que fue, no nació perfecto, estudió, descubrió quien era y evolucionó. Vivió y sufrió el dolor como todos los humanos para convertirse en el líder de la transformación a partir del amor, pues *"el dolor como el amor son palos de la misma cruz"*.

El liderazgo de Jesús es el mayor acto de amor y entrega de un líder a sus discípulos, manifiesto en su muerte, en la cruz símbolo de la relación de Dios con la tierra.

El liderazgo de Jesús agita los corazones, enciende pasiones e invita a ver la vida como una oportunidad de perdonar, de amar y alegrarse por ello.

4
EL COJÍN DEL LIDERAZGO COMO PALANCA PARA EL ÉXITO.

Valor y actitud para la FI: "El éxito es la construcción progresiva de tus sueños"

Es bueno preguntarnos ¿Qué es el éxito? Entendemos por éxito no la consecución de objetivos personales, sino más bien el disfrute de ellos al lograrlos.

Los cojines para el logro de los éxitos funcionan como palancas que ayudan a:
- No dejar que los sueños zozobren.
- Crear condiciones para que las cosas ocurran.
- Abrir nuevas puertas cuando otras se cierran.
- Solo retirarse a tomar impulso.
- Pensar que es fácil, pero es un proceso.
- No ponerte límites ni barreras que te paralicen.
- Despertar el optimismo como llave de la fe.
- Romper las ataduras del rencor, el dio y la amargura.
- Mantener el corazón abierto para que la abundancia

fluya.
- Protegernos como armadura de sanación contra las enfermedades del alma.
- Romper las cadenas del miedo, la angustia y la tristeza.

PALANCAS PARA EL LIDERAZGO DEL ÉXITO

Los cojines sirven de inspiración, que como suave susurro calman la inquietud y apaciguan el alma. Las palancas son las aliadas para hacer de la vida una experiencia distinta, de éxito y de emprendimiento orientadas a la:
- Profesionalidad: competencia para un trabajo confiable y que rinda sus frutos.
- Generosidad: para que puedan abrir sus corazones a los demás.
- Paciencia: para que ayude a equilibrar la tolerancia con las exigencias fundamentales en todo buen servicio.
- Bendición de Dios: que ha de fluir como manantial de luz en cada una de las personas que vengan a buscar un servicio para su salud física, mental y espiritual.

Hay otras palancas que sanan y ayudan al líder a restaurar corazones rotos, ejerciendo un liderazgo para el éxito:

- **El Consuelo:** mantiene la calma y nos sostiene ante la pérdida, ayudándonos a seguir adelante.

- **La armonía:** convierte las situaciones difíciles en un remanso de paz que nos alivia y da seguridad, combinación perfecta entre inhalar e exhalar, con la energía divina actuando en nosotros.

- **La oración:** guía para entregar las situaciones difíciles a Dios y conectarse y comulgar con el espíritu.

- **El amor:** vínculo perfecto cuyo idioma es universal. (Colosense 3.14), es la palanca impulsora que mora en los corazones y que opera como fuerza armonizadora en el encuentro con uno mismo, con los demás y con Dios.

- **La palabra:** inspiración que anuncia, como suave susurro mensajes de sabiduría para poder comunicarnos y mantener una relación de entendimiento cara a cara.

- **La gratitud:** práctica del espíritu que se convierte en una forma de vida, un estado del ser, del tener y del estar que fundamenta nuestro accionar y abre el canal de la abundancia, la prosperidad, las bendiciones y la gracia divina.

- **La fe:** seguridad de que lo que pienso, digo y hago cuentan con el apoyo divino; permite ver lo invisible, lograr lo increíble y esperar lo imposible.

- **La felicidad:** estado perfecto del ser humano, fruto del gozo, la satisfacción y el bienestar que se genera en la conciencia cuando me conecto con mi esencia espiritual y divina.

- **El perdón:** conexión divina que hace que veamos lo bueno en cada situación, nos limpia de amarguras y nos da libertad, oportunidad de vivir en forma libre, porque según dice el dicho *"podrás huir de todo y de todos, menos de ti"*; es el canal que nos conecta con el amor y las bendiciones.

- **El gozo:** alegría que se genera al hacer siempre el bien y sentirse feliz por ello.

- **La prosperidad:** vivir desde el amor, desde la abundancia, desde la alegría, desde las bendiciones, suficiencia y bienestar; esplendor que se concreta con el dar y recibir.

- **La voluntad:** don que nos permite poner en acción nuestros pensamientos e ideas para el logro de los propósitos; elegir y crear las oportunidades y el enfoque hacia la concreción de metas.

PALANCAS QUE AYUDAN AL LÍDER A SERVIR

- La luz para poder ver el color.
- El entrenamiento para el desarrollo de una destreza.
- La paz para poder pagar la deuda y apreciar la justicia.
- La justicia para apreciar la verdad.
- El maestro que al enseñar aprende.
- Los talentos y la buena administración de ellos.
- La no resistencia al cambio.
- La risa que me libera del estrés.
- Las raíces que me vinculan a mi familia, a los orígenes, a nuestra esencia.

PALANCAS QUE HACEN FUERTES AL LÍDER PARA EL ÉXITO Y EL LOGRO DE LOS SUEÑOS

- Nunca sientas lastima por ti.
- No des poder a los demás sobre ti.
- Da gracias por lo que no puede ser.
- Saber que siempre podemos ser lo que queremos ser.
- Dar como castigo al enemigo el ser feliz.
- Levantarnos cada vez que caemos.
- Sobrevivir aún en contra de los paradigmas y esquemas preconcebidos.
- Afrontar la oscuridad con la esperanza de pronto ver la luz.
- Sustentar el potencial para la realización de la obra.
- Estar abiertos a las oportunidades.
- Ser feliz con lo que tienes.
- Dar lo mejor de uno mismo.
- Estar preparado para lo que viene.
- Poner el corazón, y ahí está el tesoro.

En el momento que dejas de soñar deja de creer en ti, en ese momento dejas que los otros sueñen por ti. Soñar es creer en ti y tener claro lo que quieres. Los sueños para que se hagan realidad dependen en gran medida de: soñar con lo que quieres, forjarte metas con un tiempo preciso y trabajar duro para lograrlo

El líder que asume como palanca los sueños, piensa en grande, ve en las cosas la grandeza y se lanza en pos de lo grande. Tiene en cuenta que dentro de su humildad aparente de líder, está la grandeza de un corazón abierto al perdón, al amor, a la compasión y a la misericordia.

5
EL COJÍN DE LA ACCIÓN

Actitud y valor para la FI: "La curación es acción y la acción cura el miedo".

La acción aparejada a la emoción desarrolla el líder que hay en ti, que estás siempre en actitud de volver a empezar, de volver al punto de partida, el que ante una caída asume la actitud, la fuerza y el coraje de la *"cometa que se eleva cuando resiste el viento"*.

Para tomar acción hay que estar preparado, hay que estar alerta, hay que hacer lo que se dice ya, tomar acción que es:
- Romper con la pereza.
- No dejar para mañana lo que puedas hacer hoy.
- Acercarse y tender la mano.
- Realizar los sueños convirtiéndolos en proyectos.
- Disponerse para estar listos y *"lanzarse al ruedo"*.
- Protegerse de los saboteadores de sueños.
- Pertrecharse llevando las palabras a los hechos.
- Crear condiciones para que las cosas ocurran.

- Poner en práctica lo que pensamos y decimos.
- Lanzarse sin temor al fracaso o a la victoria.
- Abrir nuevas puertas cuando otras se cierran.
- Tirar la red al mar, aún con el mar picado.
- Elevar el ancla y desamarrar las velas.
- Alzar el vuelo y elevarse a las alturas.

Dentro de las acciones que llevamos a cabo en la cotidianidad, es necesario la redistribución de nuestras acciones a fin de potencializar los resultados positivos que de ellas emanan; si tomamos en cuenta que la redistribución es una ley de vida que se da en principio porque desde que nacemos del mismo modo que perdemos ganamos, la ley de la perdida y la ganancia se complementan, haciendo realidad el dicho popular *"perder y ganar todo es comercial"*; perdemos la inocencia, perdemos la virginidad, perdemos los seres queridos, perdemos la juventud; y así ganamos el vestido, los afectos, y en este proceso de vida de perder y ganar:

- Perdemos el cordón umbilical, ganamos unos pechos que nos amamantan.
- Perdemos la bolsa que nos cubre en el útero, ganamos unos brazos y un regazo que nos protegen.
- Perdemos el respeto de los hijos, ganamos el cariño de los nietos.
- Perdemos los bríos de la juventud, ganamos la experiencia de los años.
- Perdemos el poder, ganamos autoridad.
- Perdemos algunos sueños, ganamos experiencia.
- Perdemos peso, ganamos salud.
- Perdemos tiempo, ganamos paciencia.
- Perdemos energía con los años, ganamos sabiduría.

- Perdemos la figura, ganamos un hijo.
- Perdemos el miedo, ganamos la victoria.
- Perdemos un combate, podemos ganar la lucha.
- Perdemos una batalla, podemos ganar la guerra.

Y en este ir y venir que es la vida y nuestro constante accionar podemos perder el rumbo, pero jamás la trayectoria, podemos dejar que se cierren puertas pero jamás cerrarlas todas, podemos perder la razón pero jamás perder la fe, recordar siempre que aunque a veces nos preocupa la falta de dinero, no olvidar que muchas veces no tenemos el efectivo, pero tenemos los afectos, que cuando se cultivan con amor son más sólidos y verdaderos.

Hay una actitud cómoda de ver la vida que, si bien es cierto tiene su aplicabilidad en el dejar ir, riñe con el tomar acción, para ello solemos decir *"como va viniendo, vamos viendo"*; o aquella frase que conozco desde niña, pues era frase célebre de un vecino *"cogerlo como está y esperarlo como venga"*, en cualquiera de los casos parece que estamos frente a una actitud de conformismo, de indiferencia, de apatía peligrosa pues pone en riesgo la acción y limita al ser, negándole realidad a la frase *"ser es tener dominio de la voluntad"* o aquella que dice que *"el éxito es la acción progresiva de tus sueños"*, para hacer realidad algo hay que construirlo, hay que hacerlo, hay que activar la estrategia acción- reflexión -acción, que va de la mano con la toma de decisiones, *"proceso a través del cual se realiza una elección acertada para elegir el mejor camino"*.

6
EL COJÍN DE LA GRACIA

Valor y Actitud de la FI: _" la vida, mayor gracia recibida por el ser humano; máxima gratuidad dada por Dios en Cristo"…
"La gracia es uno de los frutos del espíritu que se hace presente en nosotros a través de las bendiciones que recibimos de la divinidad".

Cultivar el espíritu, nos ayuda a equilibrar la tolerancia y a mantenernos a flote, nos ayuda a que vivamos en armonía con el universo, a que no nos aferremos a la vida material, porque según lo que plantea el apóstol Juan, en Juan 12:25 *"El que se aferra a su vida tal y como está la destruye; en cambio si la deja ir… la conservará para siempre, real y eterna."*

Los frutos del espíritu son planteados por San Pablo en su carta a los Gálatas 5:22 cuyos frutos son: Amor, Gozo, Paz, Paciencia, Benignidad, Bondad, Fe, Mansedumbre, Templanza, Benignidad; Y la gracia, que se hace presente en nosotros a través de las bendiciones que recibimos de la divinidad.

Este cojín lo usamos para elevar una plegaria de agradecimiento al creador, haciendo realidad con esta plegaria el don divino del dar y recibir; "*El toma y daca*". El don de recibir y dar llegó a nosotros como un regalo divino y se hace más inmenso y grandioso cuando lo compartimos con los demás, multiplicandose cuando somos agradecidos, cuando somos capaces de sentir y decir gracias.

La gracia abre las puertas a todas las cosas buenas que han de venir, activa los dones que nos da el universo, es el amor de Dios que nos sostiene, que nos da apoyo, bendiciones y felicidad. La gracia produce en el ser humano una alegría indescriptible, un regocijo que transforma y sana; que llena nuestra vida de propósitos y significados, que da paz y nos hace compasivos. La gracia nos da seguridad, compañía y fortaleza.

La gracia de Dios la vemos todos los días en los detalles, porque *"Dios es el Dios que está en los detalles; al despertarnos cada día saludable, en la luz del sol que alumbra nuestras casas o en la familia que nos acompaña día a día..".*

La gracia es poder que libera, que transforma, es luz y esperanza que nos ayuda a resplandecer, sacando lo mejor de nuestro interior. La gracia y la verdad vinieron por medio de Jesucristo (Juan 1:16). La gracia en niveles muy altos fue de lo que dotó Dios a María la Virgen Madre de Jesús, impregnando en ella un don divino, el más grande de los dones, de ahí que ha sido llamada la Virgen de la Alta Gracia. Y esa gracia que emana como rayo de luz plena en poder, es la que protege y ampara al pueblo dominicano.

Al valorar el dar y recibir, fruto de la gracia de Dios, estamos preparados para recibir la luz de las estrellas, de la luna y el sol: a través de las estrellas vislumbramos la luz que nos ha de llevar a lugares seguros; a través de la luna vemos resplandecer en noches oscuras una luz que nos deja ver la belleza de su obra; a través del sol vemos el prisma multicolor y resplandeciente en que se descompone, formando el arco iris y con él todos los colores del universo.

La gracia de Dios está en mí porque:

- Poseo la serenidad para superar los momentos de crisis.
- Poseo la fortaleza para enfrentar retos y dificultades.
- Tengo el poder para vencer obstáculos y adversidades.
- Tengo la seguridad de que la gracia de Dios está conmigo, me alienta y me conforta.
- Tengo las armas para vencer las enfermedades, las carencias y las limitaciones.
- Permito que la gracia de Dios fluya en mí y por medio de mí hacia los demás.
- Busco el bien en cada situación o persona.
- Recibo la gracia como un Don que orienta y guía todo lo que hago.

La gracia como un regalo de Dios se manifiesta: en la misericordia divina reflejada en la plenitud del amor de Dios; en la capacidad de perdonar; al revelarse en nuestra naturaleza; al redimirnos del pecado; al hacernos receptivos al amor de Dios; en el amor incondicional de Dios en acción; al salvarnos de nuestras propias miserias; *"por la gracia soy salvo... pues es don de Dios"* (Efesio 2:8).

7
EL COJÍN DE LA GRATITUD

Valor y Actitud de la FI: "Agradecer es una manifestación de la nobleza interna del alma humana".

Dar las gracias: por su parte nos abre las puertas a todas las cosas buenas que han de venir. Es el fruto de la ley cósmica de la gratitud que nos mueve a ser agradecidos para activar las bendiciones que nos vienen de Dios, para evolucionar y transformarnos en seres superiores, capaces de desprendernos del egoísmo y de la creencia de que lo merecemos todo. En un pequeño pero significativo libro que compré a su autor, Jaime Trullen, en una feria en Puerto Rico, leí esta frase que me hizo reflexionar en torno a la necesidad de dar las gracias,

"Unos tienen y no pueden
otros pueden y no tienen
y nosotros que tenemos y podemos
te damos gracia Señor"

Para honrar mis creencias con respecto a ser agradecidos

en un momento que sentí la necesidad de agradecer a mis compañeros maestros/as les escribí lo siguiente:

Es oportuna la ocasión para dar gracias a Dios por haber hecho posible nuestra misión en la gestión docente administrativa de nuestra institución, pero también es propicia la ocasión para dar gracias a todos ustedes mis amigos/as y colegas:

- Gracias por estar cerca cuando los he necesitado.
- Gracias por su incondicional apoyo.
- Gracias por su presencia cada vez que fueron convocados.
- Gracias por la paciencia cuando no respondí a sus expectativas.
- Gracias por dejarme sentir también su gratitud.
- Gracias por permitirme ser parte de ustedes, por mucho tiempo.
- Gracias por permitirme creer en la gente.
- Gracias por ayudarme a construir una nueva forma de servicio.
- Gracias por marcar junto a mí, huellas de amor y esperanza.
- Gracias por dejar huellas de afecto en mi corazón.
- Gracias por ayudarme a lograr lo que hoy soy.

Dar las gracias activa las demás leyes del universo, es una forma de aceptar que no somos dueños absolutos de lo que poseemos, sino que tanto el Señor como otras personas han tenido que ver con lo que tenemos. La gratitud nos lleva a evolucionar y a ser seres evolucionados, a transformarnos en mejores personas y a tener una mejor vida. El poder de bendecir y dar gracias nos conecta con el campo vibracional del bien, de la prosperidad, la riqueza y de la abundancia.

Dar las gracias nos da la oportunidad de borrar nuestras

ingratitudes, de reconciliarnos con nosotros mismos y con nuestros enemigos, de limpiarnos, de auto-compadecernos, de irradiar nuestra luz, compadecer y comprender a los demás.

Cuando repetimos la frase *"agradezco a Dios todo lo que tengo"*, estamos rindiéndonos ante los demás, ante nosotros mismos y ante Dios; estamos cambiando:
- La queja por el reconocimiento.
- La queja por las bendiciones.
- La queja por el compartir.
- La queja por el honrar.
- La queja por la compasión.
- La queja por el agradecimiento.

La gratitud es una virtud practicada por seres humanos que manejan bien su ego, que aprecian lo bello y lo bueno que el universo nos ofrece y como un canal de luz fluyen las bendiciones hacia nosotros: la gratitud nos libera y nos ayuda a ver lo bueno en las cosas:

- En vez de problemas, ver oportunidades.
- En vez de sentir dudas, sentir esperanzas.
- En vez de alejarnos de las personas, crear conexión con ellas.
- En vez de buscar defectos, buscar las cualidades amorosas en los demás.
- En vez de desaprobarme, aceptarme tal y como soy y aceptar a los demás.
- En vez de sentir desprecio, apreciar todo lo que me rodea.

Agradecer es una manifestación de la *"nobleza interna del*

alma humana", basada en la comprensión y la compasión por los demás, por eso cuando agradezco atraigo el bien a mi vida, rompo con el círculo de la queja y me siento en mayor armonía con mi entorno. Cuando agradezco antes de recibir el bien, me antepongo a las bendiciones, pongo por puerta las limitaciones y me adelanto a ellas.

La gratitud es un sentimiento que nos envuelve cuando hacemos conciencia de que nuestra existencia es un regalo divino, que Dios nos ha dado para cumplir un propósito, por tanto creemos que *"el que no agradece, no merece la gracia de Dios"*.

Contrario a la gratitud es la ingratitud, carencia del ser humano que se manifiesta a través de:

- El olvido.
- La inconsecuencia.
- El egoísmo.
- La indiferencia.
- La cobardía.
- La inconsistencia.
- La baja estima.
- El menosprecio.
- La humillación.
- La insensatez

El que experimenta ingratitud, es por lo regular cruel, indiferente, despiadado, egoísta, seres inferiores que *"te ponen en un pedestal para luego mirar debajo de tu falda"*.

Para quien sufre ingratitud, esta representa: dolor, sufrimiento, tristeza, humillación, amargura, desilusión, desolación y el más profundo desconsuelo.

Agradecer es amar a Dios y todo lo que Él ha hecho, agradezcamos nuestra propia existencia y con ella toda nuestra vida, para dar paso al fluir del "bien mayor" en todo lo que hacemos.

8
EL COJÍN DE LA DIGNIDAD

Valor y actitud de la FI: "La dignidad de un hombre y una mujer no se la dan las leyes, su dignidad es intrínseca a su naturaleza humana como hijos de Dios".
S.S Benedicto XVI

Siempre he repetido como disco rayado que *"lo último que puede perder un ser humano es la dignidad"* o la otra frase que dice *"la única riqueza del pobre es su dignidad"*.

Pero ¿Qué significa la dignidad? **LA DIGNIDAD**, es un don de Dios intrínseco al ser humano en relación consigo mismo, con la naturaleza y con apertura a la trascendencia. La dignidad humana *"es el derecho que tiene cada ser humano, de ser respetado y valorado como ser individual y social, con sus características y condiciones particulares, por el solo hecho de ser persona"*; por tanto todas las personas poseemos la misma dignidad y en esencia, iguales en derechos. El modelo a seguir por la vida que vivió, por el ejemplo que nos legó y por darnos nueva vez la vida con su muerte en la cruz, es Jesús.

El tema de la dignidad humana es un tema muy controvertido toda vez que es violentada la dignidad y la conciencia que nos ha de mover para su defensa y el respeto al derecho de vivir dignamente de acuerdo a la dignidad que hemos heredado por ser hijos de Dios.

Los atentados contra la dignidad de las personas vienen dados por la falta de honestidad, tolerancia y de una conciencia plena en relación a lo que somos, así como por falta de oportunidad para potenciar el respeto en torno al valor fundamental de la persona. Todas las personas sin excepción poseemos la misma dignidad, condición que nos hace "iguales" y se corresponde con el valor que tenemos las personas por nuestra propia naturaleza humana, por ser hijos de Dios sin importar sexo, condición social o cultural y por las creencias. La dignidad *"es el valor hecho virtud, que poseemos las personas"*; al respecto de esto Benedicto XVI dice: *"La dignidad de un hombre y una mujer no se la dan las leyes, su dignidad es intrínseca a su naturaleza humana como hijos de Dios"*.

La dignidad nos engrandece, no por el tamaño, sino por la actitud al afrontar las dificultades, las maneras como aprovechamos las oportunidades, el valor de la honestidad y las maneras de como nos vemos a nosotros mismos y como confrontamos nuestros fracasos, errores o situaciones con responsabilidad.

En cada ser humano, sin importar color, sexo o condición social, existe una dignidad, una esencia que lo hace ser y esa esencia del ser lo hace merecedor de una conciencia, de lo que ES, de lo que SIENTE y de lo que es capaz de HACER. Vence sus demonios y lucha a vida o muerte por no vencerse así mismo, por no dejarse vencer. La dignidad del ser es la que hace que nos respetemos y respetemos a otros, que nos valoremos y valoremos a otros, pues cuando nos empoderamos de eso que somos, nos tornamos invencibles y esa seguridad que proyectamos atemoriza al que no cree en nosotros.

Ser digno es merecer, y merezco porque jugué y vencí; al vencer ganamos y ese triunfo me hace merecedor del premio que nos lleva a entender las competencias del ser humano, a saber:

- El ser humano digno, es un ser integro que controla su cuerpo, su mente y su espíritu; sus actos hacen verdad aquello de que *"ser es tener dominio de la voluntad"*.
- No deja de creer en sí mismo, es un ser de amor y sabe que *"por el amor el lugar más lúgubre se convierte en luz"*.
- Sabe asumir los retos y tomar las más adecuadas decisiones, pues ser integro es *"hacer aquello que consideras correcto sin necesidad de espectadores"*.
- Deja que Dios dirija la orquesta *"y recibes como gracia una hermosa melodía diseñada especialmente para ti."*
- Se abre al cambio, pues sabe que es constante y que llega inexorablemente, queramos o no, pues *"el cambio es constante"*
- Se reconoce tal y como es, acepta lo que es y lo que quiere ser, *"hace lo que quiere hacer, no lo que los demás hacen"*, *"es amo de su destino y capitán de su alma"*. (Mandela)
- Asume una actitud positiva y agradece a Dios creador por existir, *"agradece de rodillas lo que recibe de pies"*
- Se involucra, enfrenta miedos y dudas y expande sus expectativas para crear cosas nuevas, pues *"solo aquellos que se atreven a tener grandes fracasos, terminan consiguiendo grandes éxitos"*. (R.F.Kennedy).
- Se inquieta e inspira ante la chispa del amor, la alegría divina y actúa conforme a la voluntad de Dios, pues

"Dios te creo sin ti, pero no puede salvarte sin ti".(S. Agustín)

La dignidad de la persona está íntimamente relacionada con la naturaleza, que se manifiesta en las maneras de cómo nos conectamos con el agua fuente de la vida; con los arboles elemento de integración; con la luz, que se vuelve calor y transforma la vida; con la tierra que sirve de escenario a toda la creación y con los metales catalizadores del cambio y de la evolución de la vida. Cuando vivimos en armonía con la naturaleza nos encontramos a nosotros mismos y comprendemos y entendemos mejor a cada quien y a todo el mundo.

La dignidad es un DON y tenemos como misión hacer productivo ese DON.

La dignidad y **la integridad,** se fundamentan en el carácter y los principios que nos impulsan a hacer lo correcto y en la confianza y el amor a la gente a quienes trata como iguales. La dignidad como **la honestidad**, ayudan a construir una reputación que se manifiesta en el actuar en forma correcta y continúa para hacer que fructifique en los demás. Ser integro es hacer lo correcto, lo prudente y con lealtad a uno mismo y hacia los demás, de modo que seamos equilibrados con nuestros pensamientos, acciones y actitudes en la búsqueda de la verdad.

La dignidad **es la fuerza** que nos inspira a actuar en defensa de lo que somos, de nuestra identidad, de la identidad de los otros y de las cosas que nos rodean. Es un valor que nos impulsa a asumir posturas y posiciones frente a las personas con quienes convivimos y a enfrentar con valentía la vida.

La dignidad **es un poder** que te apalanca, te eleva y te mantiene a flote, es una energía que nos conduce al bien, a hacer las cosas bien; es un poder que nos lleva a ser fieles, genera confianza en nosotros mismos, en función de lo que somos y de lo que hemos de llegar a ser. Es el significado que damos a la conciencia de lo que somos y que nos enfoca hacia **la verdad** en forma digna.

La dignidad de las personas se manifiesta en **el respeto** que se siente por uno mismo, por lo que decimos y lo que hacemos. Es el respeto por Dios

La dignidad es la **responsabilidad** del ser digno, que equivale a valor y ese valor nos viene dado cuando somos capaces de aceptar vivir la vida con responsabilidad, responsabilidad que se manifiesta cuando cuidamos nuestra vida como fuerza donde se prolonga la vida de Dios, cuando cuidamos la naturaleza y a las personas con que cohabitamos. Cuando respetamos y colaboramos con el cuidado a la creación.

La responsabilidad: *"es la actitud creadora que nos compromete a dar el cuidado necesario a los bienes que hemos recibido, en especial a la vida"*, vista así la responsabilidad nos orienta a desarrollar las siguientes competencias:

- Asume el compromiso de velar por el cuidado y protección de la vida y sus distintas formas.
- Se asume como administrador de todo lo creado, protector del contexto y promotor de actitudes de valoración y respeto a todo lo creado.
- Se responsabiliza del cuido de su propia vida y la vida de los demás.
- Toma conciencia al respecto de los propios actos a favor de la convivencia pacífica con los demás.
- Muestra empatía y solidaridad frente a la diversidad.

Desde la responsabilidad, aportamos valor a la vida de los otros dándole ejemplos de cumplimiento de los compromisos; desde la comprensión demostrada en el cuidado en el trato a las personas que nos rodean; desde el respeto manifiesto por mi vida y la vida de los demás. Si logramos que las influencias que ejercemos sobre los demás sea una influencia responsable estaremos agregando valor a la vida de los otros.

La responsabilidad se inicia en el pensamiento y se manifiesta a través de lo que decimos y lo que hacemos y como cada acción tiene una reacción, tenemos entonces que ser responsables de nuestro accionar, por tanto responsables de asumir la realidad, ser responsables es hacer conciencia de nuestros dones, talentos y potencialidades para conectarnos con ellos y dar cuenta de nuestros actos. Ser responsables es *"respetar las reglas y saber cuando romperlas"*.

Desde la dignidad tengo el compromiso de ser responsable: de construir tu futuro parecido al de mis sueños. Responsable de mis esfuerzos, por tanto de mis fracasos. Ser imagen y semejanza de Dios, por tanto esencia misma de Dios.

9
EL COJÍN DE LA AMISTAD

Valor y actitud de la FI: "agradecimiento a Dios por las amistades, respeto y valoración de amigos y amigas.." "Jesús es el amigo del que no podemos prescindir, Él es el único que no defrauda"
San Juan Pablo II

La amistad se fundamenta en el amor incondicional de Dios para con nosotros y por extensión el amor que profesamos a nuestros amigos, es parte de nuestra naturaleza humana, criatura de Dios creada por amor y para el amor, porque somos el amor en acción. Si partimos del hecho de que el amor es una decisión, no solo un sentimiento, cuando decidimos amar ponemos todo nuestro empeño para que funcione, tanto en la relación con nostros mismos, como con los amigos, así como en las relaciones con los demás, pues el amor se demuestra cuando: lo expresas, lo comunicas y lo acompaña con respeto y valoración demostrada a la otra persona.

El amigo es alguien presente *"es alguien que cree en ti, incluso cuando tú has dejado de creer en ti mismo".* Un amigo es un valor agregado a tu vida, por ello tenemos que agradecer constantemente para dejar entrar el amor a través de ayudar a los amigos/as, que siempre están presentes a nuestro alrededor sin importar circunstancias y situaciones.

El amigo te acompaña en el trayecto y sigue contigo sin importar el destino. El amigo te ayuda a saber cuál es el camino a seguir, a entender cual es el rumbo y a visualizar el puerto de llegada.

De la revista La Palabra Diaria, extraje la siguiente cita de la frase dicha por el gran filósofo Cicerón: *"La amistad hace resplandecer más la prosperidad y aminora la diversidad dividiéndola y compartiéndola"*, pues aún cuando un amigo nos traiciona es bueno, porque nos ayuda a madurar, porque en las perdidas tenemos que dar gracias a Dios por haberlo tenido y si aún perdura dar gracias por tenerlo.

- El buen amigo es como el ganso, que permanece junto a los otros en los buenos y en los malos momentos, siempre dispuesto a dar y recibir ayuda, se anima y motiva para ayudar a los otros, aletea para generar impulso y potenciar la fuerza de los demás.
- El buen amigo es un aliado como el delfín, que ayuda a integrar la mente y que representa la amistad y la inteligencia
- El buen amigo es leal como el perro, que es fiel y te acompaña en los triunfos y en los fracasos.
- El buen amigo es fiel como el pato, que mantiene cercanía y fuerza en las relaciones.
- El buen amigo actúa con la cautela del gato, que quiere agarrar a su presa con dulzura, con amor e inteligencia.
- El buen amigo es libre como el caballo, que aunque

quiere correr sin fin por las praderas, se deja acompañar para galopar juntos por el camino.

La amistad representa uno de los valores más importantes de las relaciones, es el vínculo que integra y conecta a los seres humanos generando fortaleza y plenitud en las relaciones. Es una virtud que unida a la lealtad, es compañía que nos ayuda y guía a vivir en forma más diáfana y armónica.

La amistad se centra en el amor de Dios *"es la gota que se derrama de la copa donde bebe Dios".*

El verdadero amor por los amigos/as tiene que ver con cuanto estamos dispuestos a sacrificar por ellos, es servicio, es un aprendizaje continuo que nos ayuda a entender y ver la amistad en relación con:

- No herir o dañar al amigo, *"escucharlo sin juzgarlo".*
- Ver cuánto está dispuesto a sacrificar por el amigo/a, pues ser amigo *"es dar sin esperar nada a cambio".*
- Servir al amigo en las buenas y malas situaciones, *"ser amigo no tiene condiciones"*
- Manifestar el amor a los amigos/as desde el amor a Dios, ya que *"el mayor y mejor amigo es Dios".*
- Sentirse comprometido con el amigo/a dándose y entregándose sin esperar nada a cambio, *"a mayor compromiso mayor amistad".*
- Controlar su dolor para no herir al amigo, pues *"uno hiere con sus heridas".*
- Aprender a decir que no, *"ser asertivos y sin complacencia".*
- Dejar flotar tu pañuelo, pues *"alguien lo puede necesitar".*
- Ver a los amigos con amor verdadero *"que aunque no lo vea lo sienta".*

- Ver a los amigos más allá de las diferencias y celebrar con ellos con entusiasmo, ser amigos incluye *"un buen sentido del humor"*, *"compartir las alegrías"*.

En la amistad tenemos que tener presente que, *"las personas que atraemos, con las que nos hacemos amigos, es porque somos similares a ellas"*, por tanto reconocer a los afines, en vez de romper los lazos, acerquémonos para ayudar, pues a la vez que somos un imán para atraerlos somos responsables de ayudarlos a crecer y desarrollarse, como crecemos y nos desarrollamos nosotros mismos.

La amistad, se fundamenta en varios valores que están presentes en las relaciones: la lealtad, el compromiso, la verdad, la fidelidad, la honestidad, el amor... y otros muchos que nos ayudan a ver a los amigos con gran transparencia. Ser leales es estar comprometidos con una relación amistosa y ser fieles a ella, asumiendo valores y principios de lealtad que dan claridad a nuestras vidas y contribuyen a formar relaciones sanas. El mejor y mayor ejemplo de amistad lo tenemos con Jesús que, *"es el amigo del que no podemos prescindir Él es el único que no defrauda"*. (San Juan Pablo II).

El buen amigo comparte, apoya y está presente. El verdadero amigo del ser humano es Jesucristo *"no encontrareis un compañero de camino más fiel"*, *"en la oración se mantiene viva nuestra amistad con Cristo"*. (San Juan Pablo II).

La amistad, es la acción mediante la cual expresamos la comprensión y el compartir la gracia, el gozo y la alegría con los amigos y de ellos recibimos consuelo, ternura, amor y apoyo.

La amistad, es la manifestación del amor que se apoya en la compasión; en la comprensión a los amigos y como prueba de todo se fundamenta en:

La correspondencia: el amor por los amigos es *"el toma y daca de las relaciones"*, siempre tenemos que aportar para la tranquilidad y la amistad.
El compromiso: somos responsables de la correspondencia y reciprocidad de la amistad.
El respeto: porque asumimos las normas de convivencia en forma armónica y responsable.
La oración: vínculo que une a los amigos/as con quienes compartimos el espíritu de Dios y para quienes deseamos todo el bien que deseo para mí.
La compasión: manantial de amor cuyas aguas calman la sed de los amigos que se acercan.
La bondad: que nos anima a *"hacer cosas pequeñas con gran amor"*.
El compartir: nos ayuda significativamente a aumentar la gracia, y el gozo de dar y recibir.

La amistad, se da en forma incondicional cuando:

- Queremos el bien para los amigos.
- Perdura en el tiempo y en el espacio.
- Permanece, aunque los amigos cambien en algún sentido.
- Nos sentimos bien con el bienestar de los amigos/as.
- Reconocer a los amigos se convierte en gozo.
- Favorecemos y compartimos las cosas buenas que nos suceden con los amigos.
- Damos refugio al amigo en desgracia.
- Nos mantenemos unidos a los amigos aún en la dis-

tancia.
- Escuchamos sin juzgar y sin compadecernos e inspiramos confianza.

"Los amigos siempre tienen algo que contarse; a ellos les apremia constantemente el diálogo", (S. Juan Pablo II). Porque los amigos se comunican, se respetan, se escuchan, se valoran, se apoyan, son solidarios y dejan fluir el amor hacia los demás.

La verdadera amistad no repara en los efectos, solo la mueve los afectos, pues la amistad, mueve e integra la humanidad; es el vínculo que cohesiona el mundo; es una virtud que se hace fuerza en la medida que practicamos otras virtudes como: la lealtad, el compañerismo, la solidaridad y la comprensión; es un valor que fortalece y da plenitud al que la practica; es un don que abre y da sentido a nuestra capacidad de dar y recibir. La amistad en fin, es esa relación afectiva que dura toda la vida, pues tener amigos es parte de nuestra naturaleza fraterna, es una forma de cocrear nuestra relación con el universo representada en la capacidad de dejar fluir el amor. Tener un amigo es un regalo valioso de Dios; ser amigo, es el regalo más valioso que puedo ofrecer.

La amistad auténtica, se fundamenta en la fidelidad, valor del espíritu que emana de Dios y que S.S. el Papa Francisco refiere cuando dice *"la fidelidad de Dios es más fuerte que nuestras infidelidades y nuestras traiciones"*; imitemos a Dios siendo fieles con los amigos.

10
EL COJÍN DE LA ORACIÓN

Valor y Actitud de la FI: "El que siembra oraciones recibe bendiciones".
"Orar significa también callar y escuchar lo que Dios nos quiere decir".
San Juan Pablo II

La oración, es el medio por el cual nos mantenemos en comunión con Dios, nos prepara para ser receptivos a la guía divina, nos mantiene en constante relación e intimidad con Dios. La oración la hacemos generalmente para pedir ayuda cuando algo que necesitamos que ocurra no se produce, la hacemos para: pedir perdón, pedir dirección, dar gracias, vencer el miedo, pedir bendición, pedir sanación, pedir apoyo y seguridad. A través de la oración, invocamos la intervención divina para que nos socorra en nuestras dolencias, limitaciones y preocupaciones.

La oración, nos ayuda a encontrar nuestra relación personal, con los demás y con Dios, en forma poderosa y efectiva. Es un acto de humildad, es un llamado a la conciencia, es un dialogo sencillo con Dios y que depende en gran medida de nuestra voluntad.

"La oración es más que solo entregar una lista de deseos a Dios". (Stormi Omartian).

La oración, es un ejercicio profundo en el que desnudamos nuestra alma y nuestro espíritu; y en el que transparentamos en forma cristalina y fluida lo que esperamos nos sea concedido. La oración es una práctica o ejercicio del espíritu, donde se dan los siguientes contrastes:

- Oramos en forma de monólogo, en vez de dialogo con Dios.
- Rezamos, en vez de conversar con Dios.
- Oramos por necesidad, en vez de espontaneidad.
- Oramos en forma repetitiva, en vez de interactiva.
- Oramos para enterar a Dios, en vez de involucrar a Dios.
- Oramos invocando a Dios, en vez de buscar la presencia de Dios.
- Oramos para mostrar nuestro poder, en vez de reconocer el poder de Dios.
- Oramos para comunicar nuestras peticiones a Dios, en vez de entrar en comunión con Dios.
- Oramos poniendo tiempo a Dios, en vez de esperar el tiempo de Dios.
- Oramos para caminar en la senda de Dios, en vez de caminar junto a Dios.
- Oramos a veces a Dios, en vez de incluirlo en la agenda diaria.
- Oramos para invitar a Dios, en vez de dejarlo siempre dentro.
- Oramos para pedir a Dios, en vez de dejar que Dios decida lo que nos conviene.

La oración la usamos para nuestra tranquilidad espiritual, para la toma de conciencia de nuestro hacer, para que Dios nos ayude a rectificar nuestras equivocaciones, para pedir humildad cuando tengamos la razón, para visualizar el bien que deseamos y afirmarlo.

¿Para qué oramos? Para pedir, implorar y solicitar la intervención de Dios; a través de la oración, nos unimos a Él y creamos lazos de comunicación que nos ayudan a reconciliarnos, a reconocer los pecados, a acogernos a la voluntad de Dios y a reconocer su amor y su misericordia. Asimismo, la oración nos insta a dar gracias a Dios, pedir perdón y desatar los lazos que nos mantienen apegados a las cosas materiales porque, *"Todo lo que aten en la tierra quedará atado en el cielo, y todo lo que desaten en la tierra quedará desatado en el cielo"*. (Mateo 18:18).

Muchas veces nos sentimos perdidos, agobiados y tristes y nos olvidamos de Dios, sin embargo, es bueno saber que Dios no se muda de lugar, que no cambia ni se olvida de nosotros y que así como me tendió la mano en un momento difícil, seguirá tendiéndola cada vez que acudamos a pedir su ayuda. La oración produce en nosotros: paz, confianza, sosiego, tranquilidad, descanso, armonía, quietud y calma, liberación, bienestar, gracia, gozo y alegría.

Acerca de la oración, S. Juan Pablo II nos dice que *"Orar no significa solo que podemos decir a Dios todo lo que nos agobia, orar significa también callar y escuchar lo que Dios nos quiere decir"*. Porque la oración es una conversación con Dios, es bueno tener presente que para conversar a veces hay que hablar y otras escuchar, ese equilibrio que podemos mantener entre la palabra hablada y la palabra silenciosa es el punto de mayor comunicación, pues en ese punto se produce el verdadero aprendizaje y dirige la atención hacia el móvil de la oración, entrando en comunión con nuestro yo interior.

Generalmente, acudimos a la oración porque nos sentimos agobiados, oprimidos, tristes, avergonzados, en pecado, frágiles, culpables, tentados, esclavos, idólatras, inestables y angustiados.

Cuando oramos, reconocemos nuestras debilidades, pero también la esperanza y la certeza de que Dios escuchará las palabras y los silencios que pronunciamos en nuestras plegarias.

La oración, es la mejor arma que tenemos *"es la llave que abre el corazón"*, es útil para:

- Ayudarnos a abrir nuestro corazón.
- Ayudarnos a mantener viva la esperanza.
- Buscar la respuesta de Dios desde su sabiduría omnipotente.
- Buscar el perdón.
- Enfrentar momentos difíciles.
- Demostrar la confianza y la fe en Dios.
- Ayudarnos a vencer obstáculos.
- Liberarnos de lo que nos oprime.
- Derribar las barreras en nuestra comunicación con los demás y con Dios.
- Enfrentar las injusticias.
- Obtener la gracia de Dios.
- Sostener nuestra fragilidad.

Cuando oro, se produce la paz interior y me preparo para

superar cualquier reto y afrontar las adversidades haciéndome fuerte para acoger las posibilidades. La oración, nos ayuda a desarrollarnos y a proyectarnos espiritualmente, a disipar la oscuridad, a afirmar paz, a ser positivos, a visualizar la prosperidad, a renovar la confianza en Dios. *"La oración es la forma de ayuda más elevada que podemos prestar"*, pues orar:

    __ por fe, tengo la certeza que Dios es la ayuda que necesitamos en cada momento.

    __por curación, visualizo vitalidad y salud.

    __ por guía, afirmo que Dios nos dirige hacia el mayor bien.

    __ por conocimientos, *"elevamos nuestros pensamientos sobre la información de los sentidos"*

    __ por otros, visualizo posibilidades infinitas para los que me rodean.

    __ por una precariedad económica, visualizo prosperidad y abundancia.

    __ por los momentos de tristeza, recibo consuelo.

    __ por paz, visualizo la tierra sana de toda discordia.

    __ por iluminación, desaparece toda oscuridad y la luz brilla a mi paso.

    __ por armonía, mi mente se aquieta y percibo la gracia de Dios.

    __ por los demás, lo visualizo sanos, prósperos, en paz y rodeados de luz y amor.

La oración del cristiano, es una herramienta poderosa ya que nos conecta con Dios y nos hace verdaderos cristianos, las peticiones más poderosas recogidas en la Biblia son:

"Señor apiádate de mí", oración del ciego de Jericó.

"Señor hazme justicia frente a mi adversario", parábola de la viuda y el juez injusto.

"¡Oh Dios!, ten compasión de este pecador", parábola del fariseo

y del publicano.

"Padre Nuestro que estás en el cielo"... el Padre Nuestro, que es la oración culmen por excelencia, la que Jesús enseñó a sus discípulos y con la que nosotros bendecimos al Señor e invocamos su protección y ayuda. *"La oración es el reconocimiento de nuestros límites y de nuestra dependencia… debe abrazar todo lo que forma parte de nuestra vida. Todo debe encontrar en ella su propia voz"* (S Juan Pablo II).

"Al orar ponemos por obra nuestros deseos". (San Agustín).

11
EL COJÍN DE LA VIDA, UN REGALO DE DIOS

Valor y Actitud de la FI: "Miró Dios cuanto había hecho y lo juzgo muy bueno".
Gen. 1:31

Al trabajar el valor de la vida, nos permitimos reconocer, analizar y profundizar sobre situaciones de la vida que contribuyen a desarrollar competencias que nos permiten entender la vida y sus diferentes manifestaciones en el contexto en que nos desenvolvemos; tomando en cuenta que la vida es un regalo de Dios y que por tanto, por voluntad divina, tenemos el compromiso de cuidar la propia vida y la vida de los demás, mostrando sensibilidad frente a cualquier tipo de violencia contra la vida. Para vivir la vida con dignidad apegándonos a los valores cristianos y a los mandamientos de la ley de Dios, es nuestra responsabilidad encontrar el verdadero sentido de la vida en *"Jesús, que dio su vida por nosotros, para que la tengamos en abundancia"*. La vida a la vez que es un **valor**, es una **virtud** pero más que nada es un DON que nos viene de Dios, que nos creó a su imagen y semejanza, Génesis 1: 27-29 *" y creo Dios al hombre a su imagen,…varón y mujer los creo…";* como nuestro más valioso regalo divino, nos ha creado para hacernos compromisarios de nuestra responsabilidad frente al mundo, por lo que nos permite desarrollar competencias para:

- La toma de conciencia, valoración, amor y respeto por la vida como regalo de Dios.
- Reflexionar acerca del valor y responsabilidad que tenemos frente a la vida.
- El cuidado y respeto a la vida de todo lo creado.
- Encausar su accionar hacia la realización de actividades que fortalezcan el valor de la vida,
- Asumir el compromiso de la defensa de nuestra vida y la vida de los demás.
- Motivarse y motivar a los demás a ver la vida como un **don** y a agradecer a Dios por el regalo de ese **don**.

La vida como un regalo de Dios, se nos manifiesta en el salmos 139: 13-16 *"Pues eres tú, mi Dios, quien me tejió en el seno de mi madre, te doy gracias por tanta maravillas, admirables son tus obras y mi alma bien lo sabe…"*.

Vivir es ser auténtico, haciendo lo que tiene que hacer aquí y ahora y con quien te toque hacerlo; es asumir la responsabilidad de hacer lo que tiene que hacer; es encontrarnos con nosotros mismos, con los demás y con Dios. Vivir es ser feliz, hacer a los otros felices, disfrutando la vida tal y como eres, compartiéndola con los otros tal y como son. Vivir feliz es experimentar el gozo de sentirse en comunión divina con Dios, como su hechura amorosa, es colocar a Dios en la agenda diaria, visualizarnos en conexión con el dar y el recibir y así vivir convencidos que *"todo lo que es hermoso tiene su instante y pasa"*.

Para vivir mejor, hay que entender que vivimos en un mundo real, con una cultura, con unos valores, con unas creencias, con unos paradigmas que modelan nuestra forma de actuar y nuestra forma de ser. Para vivir mejor, comencemos planteándonos los siguientes objetivos:

- Hacer una autoreflexión que nos ayudará a vernos con objetividad.
- Saber como respondemos a nuestras emociones.
- Identificar el qué y para qué de las cosas que hacemos.
- Expresar aquello que sentimos en forma adecuada.
- Escuchar el punto de vista de los demás.
- Dejar de juzgarnos con tanta severidad.
- Dejar de vivir en el lamento y la queja.
- Apreciar nuestros dones y hacer conciencia de las bendiciones que hemos recibido como hijos de Dios.
- Aprender con los otros y quedarnos con lo bueno.
- Dominar el miedo que paraliza y no nos deja avanzar.
- Recapturar momentos que fueron positivos y que caben en el presente.
- Organizar nuestras ideas y acciones.
- Sacar los aprendizajes del pasado, para vivir mejor el presente, augurar un mejor futuro.

Cuando partimos del hecho de que, no vivimos solos y que poseemos unos valores únicos, unos dones, y unos talentos, creamos la vida que queremos y la colocamos al servicio de los demás, integrando y canalizando las emociones para ayudarnos a convivir en armonía con los otros.

Hay dos formas de vivir y entre las cuales debemos escoger: la transigencia y la intransigencia.

La transigencia nos lleva a actuar positivamente, con serenidad ante los conflictos, sensibles ante lo que nos rodea, sin resentimientos, reconciliándonos continuamente con nosotros mismos y con la vida, pidiendo perdón cuando es necesario, renovándonos continuamente, reconociendo a los demás y dejando ir todo aquello que nos ata y nos hace daño. ¿Es nuestra actitud a asumir?

La intransigencia: nos hace vivir negando la propia vida con posiciones negativas. El intransigente no confía, no entiende razones, no armoniza, no entiende el criterio de los demás, no tolera las posiciones ajenas, no admite el éxito de los demás, no comparte el bien, usa la mentira disfrazada de verdad. ¿Es lo que queremos ser?

Por otro lado, es bueno recordar que la vida está llena de paradojas; y que una paradoja es una ley del universo que actúa en función a las dimensiones del mismo universo, cuando estas colisionan, nos dejan ver que todo lo que hacemos tiene una causa y que toda causa tiene una reacción, que nos obliga a entender cuáles son nuestras posibilidades para tomar las decisiones. La vida en su sabio discurrir, nos presenta las siguientes paradojas:

- El descanso que da energía.
- El calor que produce la lluvia fresca.
- La humildad que nos hace grande.
- El ruido que produce silencio.
- El miedo que nos guía a buscar protección.
- El dolor que se mueve detrás del amor.
- La sombra que produce la luz.
- La fuerza de la sabiduría, fruto de la frágil vejez.
- La tranquilidad que genera la acción.

- La libertad del prisionero.
- La paciencia del desesperado.
- El dar para recibir.
- La rama desnuda que produce nuevos retoños.
- La virtud que nos deja ver la miseria humana.
- La belleza que aflora, como la flor de loto del lodo y el fango.

La vida para muchos tiene diferentes concepciones, se habla, por ejemplo: de darse la buena vida, cuando alguien se dedica a los placeres; se habla de buscarse la vida, cuando alguien hace un esfuerzo por conseguir el sustento; pero también se reniega de la vida, cuando nos va mal; se habla de darse vida cuando disfrutamos de aquellas cosas que nos gustan, pero solemos también hablar de la mala vida cuando vivimos de espalda a los valores éticos; tanto en la mala como en la buena vida, vamos cayendo en trampas de las cuales tenemos que escapar, convencidos de que vivir es aprovechar cada momento; tenemos que aprender a defendernos de esas trampas como son:

- El exceso de confianza.
- El éxito fácil.
- El poder.
- La seducción y simpatía del manipulador.
- El amor no correspondido.
- La exaltación de la vanidad.
- La posición cimera, que no nos deja mirar al suelo.
- El amor que no libera.
- El desnudar el cuerpo antes que el alma.

La vida encierra una gran sabiduría que está en las cosas que nos rodean, y que nosotros mismos descubrimos que se desgastan, que se agrietan, que se maltratan, en fin que nos ponemos viejos, que el tiempo inexorable nos pasa cuenta. ¿Qué hacer? ¿Acumular arrugas en el alma? ¿Rescatar lo que se ha perdido con un procedimiento plástico?. Manejemos el tiempo; hagamos del presente que es el hoy, el ahora, el momento, un tiempo de crear experiencias y relaciones con personas de bien; llenémoslo con pensamientos, palabras y acciones positivas. Del pasado, rescatemos nuestros aprendizajes y con el futuro construyamos las posibilidades y visualicémonos en avance y expansión positiva.

Tenemos que renacer de nuevo, reinventarnos y hacer de la vejez, que muchos consideran un estigma, una etapa de sabiduría que nos lleve a querer de la vida:

- Ser uno mismo.
- Agradecer y valorar lo que la vida nos da.
- Reencontrarnos con nuestras esencias.
- Reproducir los sueños hasta hacerlos realidad.
- Aprovechar las oportunidades y el encuentro entre ellas.
- Aprender a decir basta, ya, no.
- Racionalizar la duda.
- Aprender a decir yo puedo.
- Tener una imagen positiva de nosotros mismos. (Por aquello de como me veo te veo)
- No dejarnos intimidar por opiniones ajenas pues (Como me ves te ves).
- Aprender a querer todo lo que tengo.
- Ser una persona extraordinaria que actúe en forma normal.
- Hablar en presente y positivo.

El mundo es un gran escenario y la vida es un acto, a

veces un conjunto de actos con varias escenas y en la trama de estos actos nos toca interpretar papeles que nos colocan de frente con nuestra realidad: por el papel que nos dan a interpretar, nos damos cuenta como nos perciben los demás; por la manera como lo asumimos nos colocamos de frente a como nos asumimos nosotros mismos; la manera como interpretamos nuestro papel es un espejo de nuestra realidad, y es ahí cuando podemos darnos cuenta que:

- Las expectativas con respecto a nosotros mismos se desbordan.
- El escenario nos queda grande y nuestro acto se torna pequeño.
- Tenemos que asumir responsabilidades ajenas
- Nos censuran por lo que dijimos y por lo que no dijimos.
- Nos llevan al paredón de las acusaciones y las culpas sin motivo alguno.
- Nos hacen sentir perdedores, buenos para nada, pequeños y minimizados.

Es entonces, cuando necesitamos el Cojín de la vida, para asumir el control, tomar el volante y conducir con firmeza; cuando necesitamos ayuda, poniendo a prueba nuestra capacidad de aguante, de aceptación y de tolerancia, y la convicción de que nada es más real que aquello que te estremece y que te hace evaluar lo que haces, lo que dices y piensas; con quienes cuentas y ese con quien cuenta, en forma incondicional, es Dios que está presente y se manifiesta en el vivir que expreso en estos versos:

Vivir
(Fragmento poesía Nurys Beltré)

*Vivo, porque puedo tocar
los sencillos reflejos
y la belleza sublime
de la luz que comprimen,
los ojitos de un niño,
y la tibieza que emana
de la presencia humana.*

*Vivo, porque veo a través
de una nube
la fuerza que la mantiene
unida o en la semilla,
el poder que la convierte
en nueva espiga.*

LA COMPETITIVIDAD DE LA VIDA:

La palabra "competencia" tiene una doble, acepción, por un lado denota capacidad de…, y por otro lado significa contradicción, oposición. Cuando sabemos, sabemos que hacer y sabemos ser, somos competentes, pero cuando no sabemos, ni sabemos que hacer y tampoco sabemos ser, entonces somos incompetentes y esa incompetencia se traduce en ignorancia, en inoperancia y en personas sin sentido, fácil presa de la competitividad natural del ser.

El ser humano es competitivo por naturaleza, vive y sobrevive en competencia consigo mismo, con el entorno y con los demás; desde que somos engendrados hay explícito una competencia entre los espermatozoides para ver quien penetra primero al óvulo; para sobrevivir, una vez nacido, te lanzas a lo largo de la vida en una carrera loca para obtener el triunfo, el éxito y/o la primacía.

Nuestra alma compite con el espíritu y con nuestro cuerpo físico, produciendo muchas veces desgastes físico y emocional, auto-descalificación y baja estima, razón por la que tenemos que recurrir, requerir y demandar de un **alma grande**, que compita en forma sana, con confianza y convencimiento del poder de Dios, que ante la duda pregunte; que ante la incertidumbre indague y que ante las suposiciones tenga fe.

En la lucha a muerte por sobreponerse a una competencia, aparece la manipulación, que consiste en la distorsión de la verdad, de las cosas como son, donde el manipulador cambia las cosas, la adultéra, haciéndolas aparecer como convenga a sus intereses.

Para competir hay que tener claro la constancia del cambio, paradoja que encierra una gran verdad. La verdad de que el cambio es constante, ya lo dicen los estudiosos del Universo y se da a la vista de todos, pasando en forma desapercibida, a veces, pero si observamos con cuidado nuestro entorno, muchas cosas compiten por nuestra atención, como:

- Las nubes que se desdibujan y transforman a cada instante.
- La fotosíntesis que se realiza en el interior de una hoja frente al sol.
- El pájaro que se desplaza a mi alrededor y que nunca repite el mismo vuelo.
- La brisa que cambia constantemente de dirección.
- Los miles de pensamientos que pasan por nuestra mente cada instante.
- La intensidad del calor del sol que cambia según su posición.

- El agua en las entrañas del coco que se convierte poco a poco en copra y da forma al rico fruto.
- La oruga que poco a poco se transforma en mariposa con vistosos ropajes, transparente o como el tornasol.
- El cambio que sufre el huevo al ser empollado para dar paso al nacimiento del polluelo.
- El cambio que sufren las ideas incubadas en la mente del más sabio.
- El cambio que sufrimos las personas cuando los años pasan.

"Cuando los años pasan la vida florece", fue el verso que me dedicó una de mis nietas en el día de mi cumpleaños, y pensé en ese cambio positivo que se genera en nosotros los humanos, que florecemos en experiencias, en buenas maneras, en mejor actitud, en sabiduría hasta llegar a la certeza de que la vida florece porque.

- Tenemos más preguntas y en nosotros está la respuesta.
- Tenemos paz a pesar de los conflictos.
- En nuestra mente bullen los proyectos no las personas.
- Pensamos en grande para lograr lo posible.
- Saboreamos lo agridulce de cada situación.
- Vemos los matices en los colores del espectro.
- No vemos las cosas ni bellas ni feas, solo diferentes.
- Vemos las cosas que antes pasaban desapercibidas.
- Poseemos la llave del jardín de la vida.
- Con los años perdemos energía, pero ganamos sabiduría.
- Perdemos el tiempo, pero ganamos paciencia.

- Perdemos sueños, pero ganamos consejos.

Los cambios explican a Dios, según Santo Tomás de Aquino en su obra las Cinco Vías de la Existencia.

En ese contraste competencial que es la vida nos damos cuenta que todo tiene su opuesto; que todos los días perdemos cosas, pero que si observamos bien descubrimos que siempre hay otra en su lugar, se dan innúmeras paradojas, que parecen contradictorias, pero que son parte esencial de la competitividad, constante de la vida; nos deja una gran enseñanza que *"miestras más presionas para obtener algo, obtiene la reacción contraria"*, por todo esto veamos la sabiduría en las siguientes paradojas:

- Huir para encontrarse.
- Renunciar para afirmarse.
- Dejarse caer para subir por el rebote.
- La enseñanza que produce aprendizaje.
- Ver en la puerta cerrada, la posibilidad de poder abrirla.
- El aire que entra por la ventana y abre la puerta cerrada.
- La crisis y el conflicto como oportunidad.
- El aire puro que inhalo para exhalar veneno.
- La cometa que se eleva resistiendo el viento.
- Elegir a Dios para que Dios me elija a mi.

"Ante la vida", es el título que usé para encabezar unos versos que describen como veo la vida, en este contraste que en competencia sana vivimos:

Ante la vida
(Fragmento Nurys Beltré)

Así transcurre mi vida
simple,
como quien se conforma con poco,
frágil y dócil,
como espiga batida al viento,
fuerte y audaz,
como madre celosa
que defiende su cría.

Así transcurre mi vida,
vacía, cuando no entiendo
para que sirve la vida
plena, cuando veo a Dios
en mis hijos, en la flor,
en el río, en la lluvia…
en los detalles.

Y en esa competencia que es la vida ¿Cómo la ve el cristiano? *"Ve una oportunidad para llevar la cruz, ve una oportunidad para beber el caliz, ve una oportunidad para sufrir con Jesús, para que nosotros también podamos ser glorificados"*. (Rom 8:17). Un espíritu competitivo, se desarrolla y fortalece toda vez que puede:

- Ver el cambio como portunidad.
- Sentir la paciencia como constancia.
- Ver a Dios como sustancia inmutable que genera los cambios.
- Navegar hacia la busqueda del bien, apuntando la brújula hacia el lugar correcto.
- Ver la gratitud como la mayor bendición.

- Sentir la gracia como el don del ser.
- Aprender para, mejorar la versión de sí mismo.

12
EL COJÍN DE LA EMPATÍA

Valor y Actitud para la FI: "Para construir la empatía tenemos que practicar la sinceridad, de modo que nuestras palabras sean mejores que tus silencios".

Los seres humanos somos distintos, por tanto tenemos puntos de vistas diferentes al respecto de una misma situación o asunto. Sin embargo, este hecho no nos autoriza para vivir en forma separada al respecto de los demás, nuestra responsabilidad está *"en buscar los elementos que nos unen en vez de los que nos separan"*. El conflicto alimenta la relación, sin embargo es inteligente:

- Colocarnos en el lugar del otro.
- Respetar y considerar el esfuerzo de los otros para una relación armónica.
- Confirmar la posición del otro para no herir susceptibilidades.
- Acompañar y ofrecer apoyo a los otros.
- Reconocer la situación y las problemas del otro.
- Enseñar sin herir, aprender sin dejarse herir.

Consideremos en forma mutua la situación en conflicto, armonizando con todos los implicados, porque si partimos de que el líder es *"un armonizador de voluntades"*, entonces para crear condiciones de empatía es necesario:

- Tomar en cuenta el punto de vista de los demás.
- Tomar en cuenta el carácter recíproco de la confianza.
- Comprender los elementos esenciales de las relaciones sociales.
- Mantener una actitud positiva.
- Aprender de los errores.
- Resistir los sentimientos de ofensa.
- Mantener el buen carácter.
- Reconocer y compartir en forma altruista con los demás.
- Acercarnos a los demás con una actitud compasiva.
- Asumir la asertividad como llave de la sinceridad.

Para construir el cojín de la empatía tenemos que practicar la sinceridad, de modo que *"nuestras palabras sean mejores que tus silencios"*, decir las cosas en el momento, a las personas y en el lugar que corresponde. Aprender a discutir, porque si partimos del hecho de que todos tenemos diferencias, discutir no es nada malo, lo que no corresponde es pelearse y para ello:
- Deje que la otra persona hable.
- Escuche los argumentos e informaciones, para negociar.
- Use más el tu que el yo.
- Limite el tu que acusa.
- Busque el equilibrio de mi verdad, tu verdad y la verdad de los demás..
- Aplique este sabio consejo *"el que sabe hablar, sabe tam-*

bién cuando".

La empatía se puede romper por: opiniones diferentes, disputas, ofensas, desacuerdos, enemistad, rechazos, celos, mal querencias, envidia, antipatía, intolerancia, así como por el uso agresivo de la sinceridad, los atropellos y las relaciones tormentosas. Para evitar el rompimiento en las relaciones por falta de empatía, es necesario:

a) Hacer conciencia de que hay una relación tormentosa.
b) Hacer conciencia que hay que recuperar la salud mental.
c) Vencer la manipulación de la parte contraria.
d) Tener la fe que las cosas cambiaran para bien.
e) Buscar las causas de la relación tormentosa.
f) No asumir rol de víctima ni de perpetrador.
g) Vencer la resistencia al cambio.
h) Tomar las decisiones para salir de esa mala relación.
i) Actuar en forma asertiva.
j) Aprender a tomar riesgos
k) Erradicar la violencia.

Si partimos del hecho de que la empatía es la *"capacidad que tiene el ser humano para comprender la realidad de la otra persona"*, esa capacidad de comprender se hace efectiva, cuando respetamos a los otros, cuando no hacemos juicios aprioris, cuando acompañamos y ayudamos al otro, cuando entendemos a los demás. Asimismo comprendemos la realidad del otro cuando valoramos y consideramos sus emociones y sentimientos así como las situaciones y circunstancias del contexto en el que se producen; partiendo, claro está, de *"la conciencia de nuestra vida espiritual interior"*

13
EL COJÍN DEL HACER COMO FORMA DE SER

Valor y Actitud de la FI: "Actuar en función del Hacer más de lo que funciona y menos de lo que no funciona".

El hacer es fruto del compromiso que tenemos con nosotros mismos y con los demás, cuando incumplimos nuestras promesas, cuando no hacemos lo que decimos, entonces podemos decir que vivimos a medias por las promesas incumplidas.

Si partimos del dicho de que *"la gente puede dudar de lo que dice, pero puede creer en lo que hace"*, somos creadores de nuestra propia realidad y por ello *"cosechamos con alegría aquello que sembramos con fe".*

Desde mi experiencia de maestra, por más de 40 años hemos predicado y aplicado a nuestra práctica educativa la frase *"se aprende haciendo".* Hoy sabemos con mucha propiedad, que una de las competencias del aprendizaje es el aprender a hacer o saber hacer, competencias que unidas al saber y al saber ser, así como el trascender contribuyen a un aprendizaje integral, que parte de una realidad; *"no se enseña lo que se sabe, ni se enseña lo que se dice, se enseña lo que se hace"* (Jaures). Para hablar es mejor hacer, pues *"las cosas no se dicen, se hacen, porque al hacerlas se dicen solas"*. (Woody Allen).

Para vivir la vida con mayor plenitud, tenemos que hacer realidad el dicho *" hacer más de lo que funciona y menos de lo que no funciona"*. Actuar en función de eso que quiero, deseo y necesito. Asimismo, recordar que hacer es bueno pero muchas veces para enfrentar aquellas cosas que son muy difíciles es mejor *"dejar a Dios actuar"*, *"permitiendo que su sabiduría divina fluya"*; haciéndonos eco del evangelio de Juan, quien al referirse a Jesús nos presenta las sabias palabras: *" yo no puedo hacer nada por mi propia cuenta, pues no trato de hacer mi voluntad, sino la voluntad del padre, que me ha enviado"*. (San Juan 5:30).

¿Qué hacer para vivir en plenitud?

- Pensar positivamente.
- Poner emoción y pasión a lo que se hace.
- Buscar afanosamente la verdad.
- Emprender acciones para el logro de las metas.
- Hacer posible las relaciones con los demás
- Entrenar el intelecto con nuevas lecturas.
- No dejarse manejar por lo que hacen los demás.
- Hacer silencio para poder escuchar.
- Hacer caso omiso a las provocaciones.
- Controlar el ruido del silencio.

El tiempo pasa en forma inexorable y se hace difícil hacer realidad nuestros sueños, el momento es propicio para hacer aquello que queremos y deseamos hacer; ahora es el momento de hacernos presente, de hacer conciencia de nuestra realidad y la forma de cambiarla. Como grandes hombres y mujeres de la humanidad, a lo mejor estamos destinados a hacer algo extraordinario, algo significativo y bueno. Para lograr trascender la barrera del yo, hacia los demás y el nosotros hay que tomar la decisión de hacerlo hoy, ahora, en este instante, solo tiene que atreverte, romper obstáculos, acortar distancias, subir cumbres, y hacerlo ahora, no después. A través de un proceso de reflexión interna que nos ayuda conocernos, a descubrir lo importante que somos, la luz interior que nos guía y nos hace ser seres humanos mejores, con conciencia plena de que en nuestro interior hay una fuerza que nos impulsa al bienestar. Es bueno recordar a Charles Chaplin cuando dice: *"nunca te olvides de sonreír, porque el día que no sonrías será un día perdido"*.

Hacer, es tomar decisiones y para una buena decisión hay que conectar el impulso, la pasión y la armonía con la razón y procesarlo en el corazón. El saber hacer, *"es la posibilidad de modificar la realidad, es ser productivo y poner el conocimiento en acción para el desarrollo de habilidades y destrezas"*, el hacer es fundamental para la construcción del conocimiento, pues *"vale más un gramo de hacer que un kilo de decir"*.

Para poder hacer, hay que tener un conocimiento integral, por tanto, se hace necesario definir la integración, que *"es una operación que logra la interdependencia de diferentes elementos, inicialmente disociados para hacerlos funcionar en forma articulada"*. La pedagogía de la integración, se refiere a los aprendizajes a partir de los cuales el educando articula diferentes conocimientos. La integración de los saberes, es una propuesta curricular que se basa en la necesidad de que el estudiante tenga una mirada integral del mundo natural, social, político, económico y cultural que lo acerque a una mejor comprensión de la realidad y lo inicie en su proceso de formación para la vida.

Para definir y responder a la pregunta ¿Qué es integrar? podemos decir que es vincular diversos planos de la realidad: cuerpo, mente y espíritu, y valorar como funcionan cada uno de estos planos en conjunto, de modo que favorezcan la formación integral de las personas en función del Saber, Saber Hacer y Saber Ser.

"No basta saber las cosas, es necesario practicarlas". (Don Bosco).
"Se es cuando se sabe lo que se hace".

14
EL COJÍN DE LA DISPOSICIÓN COMO FORMA DE QUERER

Valor y actitud para la FI: "El aprendizaje significativo se da a partir de la significatividad de la disposición del que aprende"
Ausubel

"La disposición la encontramos cuando somos capaces de buscar y encontrar a ese maestro de luz que llevamos dentro".
NB

Según la pedagogía constructivista planteada por Piaget, Vygotsky y Ausubel, el alumno es protagonista de su propio aprendizaje y ejercita sus potencialidades mediante la acción interior-exterior a través de los aprendizajes previos que almacenamos en la memoria, la disposición para aprender que se genera en la voluntad y el desarrollo de las capacidades a partir de la inteligencia y los procesos cognitivos. De todos estos elementos destaca la disposición, pues ya lo dice el muy popular dicho *"querer es poder"*, frase que no se queda en la simplicidad del dicho, sino que encierra una gran e inexorable verdad, pues aquello que deseo, aquello a lo que aspiro, aquello que quiero es aquello que puedo, es aquello que obtengo.

La disposición la encontramos cuando somos capaces de buscar y encontrar a ese Maestro de luz que llevamos dentro, que nos enseña a reflexionar, a cambiar, a recapacitar y a hacer conciencia de nuestra realidad para convertirnos en seres habidos de luz, dispuestos a ser mejores, a aprender a:

- Convertir una vulnerabilidad en fortaleza.
- Reinventarnos y construir progresivamente los sueños.
- No dudar y tener dominio de la voluntad.
- Buscar la esencia de la vida.
- Tener el coraje para enfrentar las adversidades.
- Defendernos de las culpas, que como fardo pesado nos agobian.
- Buscar en nuestro interior y encontrar la llave de la luz.
- Ver en los otros aquello que puedo aprender.
- Poner atención a nuestra intuición, pues ella *"es el susurro de Dios".*
- Entender que sin esfuerzo no hay ganancias.
- A intentar lograr las metas tantas veces como sea necesario.
- Encontrar la fuerza dentro de sí.
- Hacer nuestras propias circunstancias.
- Estar abiertos y receptivos a todo aprendizaje.

Frecuentemente hemos repetido la frase *"soy el arquitecto de mi propio destino",* que parece ir de la mano con otro muy conocido dicho, *"el maestro llega cuando el discípulo está preparado",* es una manera de aceptar que el maestro está dentro de nosotros mismos; que para que el conocimiento se produzca, tenemos que construir los cojines que servirán de fundamento y que serán la base, tanto de la disposición como de la motivación, que no es mas que, *"un motivo en acción"* que nos anima a tomar las más acertadas decisiones, para ello construyamos

los cojines del aprendizaje desde:
- La toma de conciencia de nuestras propias necesidades, intereses y deseos, sin dejar que nada nos perturbe.
- La fortaleza interior, que nos da las fuerzas para seguir y nos impulsa al logro de unas metas.
- La superación personal, que nos mantiene viva la idea de que ningún obstáculo puede frenar la superación de los inconvenientes y las adversidades.
- La voluntad, que consiste en querer las cosas de verdad, sin dudas, porque *"el que duda se traiciona a si mismo"*.
- El coraje, necesario para buscar el conocimiento y encontrar la verdad.
- La constancia y la perseverancia, valores que nos orientan a luchar en forma continua, con tesón y entrega.
- Los pequeños pasos, los que se convertirán en grandes saltos en la búsqueda de nuestras metas.
- La humildad para hacer de quienes nos rodean maestros y aprender de todo y de todos.
- La satisfacción y la alegría por las pequeñas cosas que aprendemos cada día.
- La disposición para hacer preguntas, involucrarnos y encontrar respuestas.

Estamos creados para ser constructores de alegría y felicidad, por tanto, hagamos de nuestras vidas un canal para la búsqueda de esa alegría y esa felicidad, estemos **dispuestos** a sentir esa energía de vida que nos llena de gozo y nos acerca al amor. El derecho a la felicidad no viene de afuera hay que buscarla dentro de nosotros, la que se manifiesta cuando disfrutamos las cosas más sencillas de la vida; cuando estamos

dispuestos a buscar la esencia de las cosas, verlas con sentimientos y tratando de sacar lo bueno de lo que nos rodea.

Si partimos del hecho de que las decisiones que tomamos no son neutras, sino que afectan nuestra relación con los demás, se hace necesario una disposición inspirada y entusiasta que haga del vivir una experiencia de alegría y gozo, de creatividad y de amor, pues *"el amor es el centro de gravedad del ser humano, todo pensamiento y deseo, son actuaciones que nacen del amor y se sustentan con el amor"*. (San Agustín).

Si partimos de los elementos básicos de la pedagogía agustiniana (voluntad, memoria e inteligencia), que se fundamenta en la acción, el amor y la alegría, entenderemos mejor el principio de la disposición, al seguir el camino y la búsqueda del conocimiento y el desarrollo de actitudes y valores, pues a partir de esa doble trilogía aprenderemos con amor y a ser felices con eso que aprendemos, con lo que hacemos, con lo que decimos y las maneras como procedemos.

La disposición como protagonista de los aprendizajes, saca de nuestro interior esa fuerza que hará que sintamos entusiasmo, pasión y satisfacción convirtiendo cada actividad en un acto de amor, que nos lleva a la realización personal y por ende a la plenitud; al auténtico y verdadero aprendizaje y al auténtico y verdadero bien.

La disposición suscita en las personas el deseo de:

- Actuar desde la motivación y la alegría.
- Inspirarse y accionar para el logro de la felicidad.
- Crear condiciones para aprender nuevas forma de decir, hacer y ser.

- Promover acciones orientadas a la búsqueda del bien personal y de los demás.
- Adoptar hábitos nuevos y de desarrollo personal.
- Fomentar las posibilidades de hacer cosas útiles y significativas.
- Ilusionar y ayudar a prever el futuro.
- Aprovechar las oportunidades.
- Sentir entusiasmo por lo que hacemos.
- Disfrutar cada nueva experiencia.
- Asumir una nueva posición al respecto del yo y el tú, del ustedes y el nosotros.

15
EL COJÍN DE LA RESPUESTA COMO SABER

Valor y actitud para la FI: "La respuesta a todas tus interrogantes las tienes dentro de ti".
"Cuidemos nuestras palabras y quizás obtengamos mejores respuestas".
NB

A veces uno se pregunta ¿Por qué? la respuesta es poco probable que la tengamos a pedir de boca, muchas veces, incluso, se nos va la vida buscando la tal repuesta, sin encontrarla y dejándonos cansados, extenuados, vencidos, y sin ganas de seguir luchando; rendidos ante la adversidad, postrados ante el fracaso, decidido a sucumbir ante la sin razón. Todo esto nos llena de resentimientos, de rabia, de desánimo, de intolerancia, de desamor que poco a poco van minando nuestro cuerpo, psiquis y alma amenazando nuestra estabilidad física y emocional. Al sentirnos defraudados nos hacemos vulnerables, pues en vez de luchar nos rendimos, nos entregamos a sus efectos y sucumbimos a ellos.

En estos momentos tan difíciles, donde reina tanta incertidumbre para hallar las respuestas, es bueno escuchar la voz interior, escuchar el corazón, pues la respuesta a todas tus interrogantes las tienes dentro de ti mismo, y las obtiene mediante un proceso de creación, de cocreación y/o de transformación. La respuesta está en visualizarnos desde nuestro interior, en abundancia, con una posición diferente frente al yo y al nosotros, con una comunicación más fluida y por último sacar los disociadores que te llevan a fracasar y no te dejan avanzar.

La respuesta está dentro de mí, pues:
- Podrán robarme las ideas, pero jamás el pensamiento.
- Podrán quitarme la tranquilidad, pero jamás la armonía.
- Podrán quitarme los espacios, pero jamás mi conexión con la fuente.
- Podrán quitarme la libertad, pero jamás la dignidad.
- Podrán acallar mis palabras, pero jamás mi mensaje.
- Podrán cuestionar mis juicios, pero jamás mi capacidad de crítica.
- Podrán robar mi obra, pero jamás mi imaginación.
- Podrán quitarme un proyecto, pero jamás la voluntad de empezar de nuevo.

La respuesta está en llenarnos de pasión por la vida, por las cosas que nos rodean, por las gentes con quienes compartimos, pero sobre todo tratar de ver a Dios en cada una de ellas; aprender a leer los signos que se nos presentan en cada paso; reconectarnos con la sinergia de las personas que están cerca; quitarnos las máscaras y caretas para sacar los conflictos internos; tomar las decisiones correctas en la seguridad de que somos dueños de nuestros destinos y por tanto yo decido.

Cuando me pregunto, cuando me preguntan y cuando preguntamos la respuesta parece fácil: si/no, tal vez/ jamás, siempre/nunca, quizás si/ quizás no, ante todas estas posibles respuestas se encierra una incógnita ¿Es la respuesta correcta? ¿Es la respuesta que buscamos? Con certeza nadie lo sabe, pues la respuesta puede estar en cualquier lado, puede estar frente a nuestros ojos y no verla, frente a nuestra nariz y no olerla, frente a nuestros oídos y no escucharla, frente a nosotros y no percibirla. En cualquiera de los casos equivocamos el rumbo y olvidamos que la respuesta está en el sol que nos baña cada día con su luz y calor; la respuesta está en una flor que engalana nuestro ambiente; en el agua que calma nuestra sed, en la lluvia que refresca y moja el suelo; en las alas de las mariposas que recrean los colores del arcoíris; en el zumbador que zumba al saltar de rama en rama; en los ojos de los niños que reflejan la inocencia, en el abrazo del que ama que refleja la ternura; en el canto de los pájaros que nos animan con sus trinos; en la briza que se mueve y nos trae las palabras, las palabras que nos hacen diferentes de las plantas y animales, en el planeta en el que todos vivimos. Y siguiendo el dicho, *"las palabras traen respuesta"*, cuidemos nuestras palabras y quizás obtendremos mejores respuestas.

La respuesta está en el saber que nos ayuda a conocer, expresar, valorar e integrar las relaciones del saber, del saber hacer y el saber ser que nos ayudan a dar respuestas más acertadas a las diferentes situaciones de la vida. En el cojín de la respuesta el saber actúa como semilla de fe, que al sembrarla nos da la oportunidad de cosechar pensamientos, conceptos, palabras e ideas que contribuyen a ayudarnos a conocer y expresar la realidad del entorno físico, natural y socio-cultural que nos rodea.

Solemos repetir la frase, *"El conocimiento da poder"*, aunque estamos creados con libre albedrío, el manejo que damos a ese don con que Dios nos ha creado, depende en gran medida, del conocimiento que tenemos de nuestro propio poder de encontrar la respuesta de modo que podamos afirmar que: el conocimiento del pasado nos ayuda a responder y a vivir el presente; para modificar el futuro tenemos que conocer el presente; *" el que ha gustado del vino viejo, no quiere vino nuevo, porque dice el añejo es mejor"*; el que conoce a Dios, jamás será saciado por otro dios, pues su respuesta es Dios.

Para hablar del currículo, los maestros/as tenemos que partir de un conocimiento acabado, ya que el currículo ha sido definido como *"una conversación compleja que da respuesta a situaciones y la respuesta verdadera da veracidad a lo que decimos, hacemos y somos"*, como complejo es todo lo que el currículo encierra. Para otros, el currículo se define como *"la comprensión de las relaciones entre el conocimiento y la sociedad"*, en ambos casos el conocimiento es fundamental.

La respuesta en lo relativo al saber, queda clara cuando vemos el saber desde la confrontación, desde la contradicción mejor conocida *"como el motor de la vida"*, es puro asombro, pues la realidad no es solo lo que vemos, sino que se necesita la fuerza del saber, del asombro y la valentía para que seamos *"capaces de conocer lo que no se conoce, pero que merece ser conocido"* (Galeano).

El SABER es todo aquello que adquiere, construye y elabora la persona que aprende, producto de una actividad individual o social que está íntimamente relacionada al SER y al HACER.

Para encontrar la respuesta es bueno saber que hay que buscarla; hacer lo que haya que hacer para encontrarla, asumir que aunque no encuentres la respuesta lo importante es encontrarse a si mismo.

16
EL COJÍN DE LA PROSPERIDAD

Valor y Actitud de la FI: "trabajar para mantener viva en tu pecho esa pequeña chispa de fuego celeste, la conciencia".

Los especialistas del estudio de la mente, afirman que el 95% de las emociones se producen en la parte inconsciente, que algunos definen como el ejecutivo de la personalidad. La mente subconsciente es como una esponja que absorbe todo lo que está a su alrededor, por ello es conveniente pensar o pedirle a Dios, aquello que necesitamos, para triunfar en la empresa de la vida, por tanto pedirle a Él que ponga en nuestro corazón las palabras correctas y una dosis de amor que nos permita salir del dolor, de la culpa, de la rabia, de la queja y del descontento, para que podamos desconectarnos de aquello que nos hace sufrir e ir a través del amor a la búsqueda de lo que nos hará elevarnos y que nos hará prosperar.

Muchas veces estamos anclados, sin poder avanzar, fruto de los traumas, de los rencores y de los odios, como todo influye en todo, sino nos quedamos amarrados al suelo sin reconocer e interpretar los demás espacios, sin leer las señales que suceden a nuestro alrededor, perdemos la oportunidad de: reencontrarnos con nosotros mismos y con los demás, de tomar nuestras propias decisiones y utilizar las palabras correctas para comunicarnos con los demás. Es momento para decir *"lo siento, te amo, por favor, perdóname y gracias";* palabras que encadenadas preparan el terreno para echar para delante y aupar nuestras posibilidades.

Para ser próspero tenemos que ir a la fuente, tenemos que ir al corazón y a la mente, ir a nuestra conciencia, según Confucio, *"luz de la inteligencia para distinguir el bien y el mal"; "trabajar para mantener viva en tu pecho esa pequeña chispa de fuego celeste, la conciencia"* (George Washington), es desde donde creamos el bien que se concibe en el espíritu y que luego se convierte en bienes materiales.

La clave de la prosperidad está en:

I) La toma de conciencia de como vivir nuestra vida, para la cual tomamos en consideración lo siguiente:

- Agradecer por lo que se tiene.
- Tener propósitos claros y luchar por ellos.
- Ser disciplinados en la acción.
- Hacer las pequeñas cosas que nos llevaran al gran proyecto.
- Poner la vida en blanco y negro.
- Valorar a los otros sin esperar que ellos nos valoren.
- Compartir penas y alegrías.
- Asumimos mirarnos como merecedores de la prosperidad.

- Agradecer por todo y en todo momento.
- Dar y recibir.
- Conocerte mejor conectándote con tu yo interior y exterior.
- Compartir con pequeñas acciones el bienestar que sentimos.

II) La toma de conciencia de nuestro interior:

- Tomar en cuenta nuestras limitaciones y creencias.
- Estar centrados e imparciales.
- Usar la fantasía y la imaginación.
- Poner en positivo las cosas que queremos, conectarse con su centro.

III) La toma de conciencia de nuestra armonía con la naturaleza:
- Conectarse con su entorno.
- Meditar.
- Conectarse con el silencio.
- Conectarse con uno mismo íntima y profundamente.
- Dejarse dar y recibir amor.

La prosperidad puede ser material o espiritual, siendo esta última, la abundancia y riquezas que recibimos de Dios, fuente inagotable del bien, don que nos ayuda a vivir con apoyo divino.

II. SEGUNDA PARTE

17
EL COJÍN DE LA REINTEGRACIÓN

Actitud y Valor para la FI: "Soy el amor de Dios, abierto al perdón y al reencuentro conmigo mismo para ser una mejor persona"
"Yo no soy hoy lo mismo que fui ayer y lo que seré mañana"
Filosofía Budista

El bien que hagas hoy, puede ser olvidado mañana; aún así... haz el bien" (Madre Teresa de Calcuta). Una manera de encontrarnos con la vida, es el mostrarnos receptivos a dar y recibir, a dar lo mejor de nosotros mismos devolviendo gratitud con generosidad; cooperación con compromiso; cariño con amor; perdón con bendición; afectos con ternura; alegría con gozo. Del mismo modo que me doy, abro mi mente y corazón a recibir la gracia divina, el perdón, la sanación, los afectos, el cuido, la consideración, la ayuda.

Mi reencuentro con la vida me hace volver a empezar valorando las cosas positivas que me han sucedido y tomar en consideración las cosas negativas para no repetirlas y comenzar de nuevo a partir de:

- Entender a mis amigos antes de esperar que ellos me entiendan a mí.
- Perdonar antes que esperar que me perdonen.
- Dar antes que recibir.
- Escuchar ante que juzgar.
- Cuidar y apreciar el planeta antes que el planeta me cuide a mí.
- Demostrar aprecio por los que me rodean antes que esperar el aprecio de ellos.
- Aceptar a los otros antes que esperar que me acepten a mí.

Según la filosofía budista, *"Yo no soy hoy lo mismo que fui ayer y lo que seré mañana"*; sin embargo, para ser seres armónicos tenemos que encontrar el vínculo entre lo que fuimos, lo que somos y lo que seremos; para ello, tengo que crear mi vida cada día y reintegrarme con mi yo interno y con la naturaleza y su maravillosa perfección, acogiéndonos en armonía plena. Al construir mi mundo partiendo de esta conciencia, es saludable hacerlo siendo amable, agradecido, responsable, perdonando, mirando con atención mi entorno para mejorar aquello que puedo, ser solidario, tratar a los demás con honestidad, respeto y consideración.

Como *"es más fácil destruir que construir"* y como *"todo cambio trae un trauma"*, muchas veces nos apegamos a las cosas tal y como están, dejando que se diluyan o que se desgasten, es ahí donde el cojín hecho con elementos que contribuyen a la integración y a la reconciliación con uno mismo, con todos y con Dios tiene su fuerza y su valor, pues *"la vida no tiene sentido si no es un desafío"*, desafío que debo enfrentar cada día con valor y disposición tomando en consideración:

- Que somos hechura de Dios y que lo incluimos a Él en todas las actividades de nuestras vidas.
- Usar los bienes para socorrer los males.
- Asumir la auténtica vida del cristiano, basada en el amor a Dios y al prójimo.
- Ver en cada ocasión la oportunidad de hacer amigos.
- Tener presente que solo recibimos la carga que podemos, pues la vida es un tránsito.
- Que es duro caer pero es más duro no intentar levantarse.
- Tener en cuenta que a veces queremos comernos el mundo y terminamos siendo comidos por el mundo.

Para reintegrarnos y reconciliarnos con la vida, es necesario que saquemos toda energía negativa que nos corroe por dentro y nos hace daño, como es el caso de los resentimientos, el rencor, la rabia y el odio, que según San Agustín *"es como beber veneno y esperar que el otro muera"*; estas emociones nos paralizan y se convierten en un obstáculo, en un fardo pesado que nos limita y no nos deja avanzar. Es en este momento, cuando se hace necesario recurrir al cojín de la reintegración. Para reintegrarnos vamos a nuestro interior y buscamos nuestra integración con la fuente del núcleo del universo, al reconocer nuestra unidad con ese centro nos abrimos a las posibilidades, y empezamos a reunir las partes y nuestro SER se manifiesta en el HACER y en nuestra ACTITUD frente al mundo, siendo coherente con lo que somos, lo que hacemos y lo que decimos.

La reintegración es la comprensión de mi vida en lo referente a lo que aprendo y experimento, dando paso a la transformación y al cambio, tomando conciencia de mis pensamientos, emociones y sentimientos, despertando mis potencialidades para convertirme en un ente de cambio que se abre como un canal de luz a través del amor de Dios para permitirme reinventarme y ayudar a la reinvención de los demás.

18
EL COJÍN DE LA RECONCILIACIÓN

Actitud y Valor para la FI: "La reconciliación nos lleva a sacudirnos, a no resistirnos y disponernos a enfrenar la crisis".
"Para reconciliarnos tenemos que poner en práctica el valor de la transigencia".

N.B

La reconciliación es la oportunidad que nos damos de amar, canalizar energías para mejorar, para concluir procesos inconclusos y olvidar aquellas cosas que no nos dejan ser felices. Reconciliarnos es vencer situaciones y conflictos, dándonos la oportunidad de ser protagonistas de nuestras propias vidas, evolucionando hacia el éxito personal y el de los demás; cuando damos a cada quien lo que le corresponde; cuando nos convertimos en seres unificadores, integradores y reconciliadores, capaces de reencontrarnos con nuestra esencia, rendirnos ante nosotros mismos, liberando ataduras que no nos dejan vivir en paz.

Para reconciliarnos, tenemos que poner en práctica el valor de la transigencia, pues al transigir nos damos la oportunidad de reconciliarnos y de serenarnos ante los conflictos, de olvidar los resentimientos, renovar nuestra capacidad de amar y permitirnos cambiar dando paso a nuevas perspectivas. Al transigir, libero preocupaciones y puedo lidiar mas exitosamente con las dificultades, manejar más armónicamente las sensibilidades y evitar que se conviertan en sensiblerías. Para reconciliarnos con nosotros mismos y con la vida, tenemos que entrar en un proceso de sanación, de desarme, de permitirnos sacar lo que tenemos dentro a partir de las siguientes pautas:

- Atreverse a vivir las emociones.
- No juzgar ni enjuiciar por sentir emociones como la rabia y el rencor.
- Enfrentar las dificultades que no nos dejan reconciliarnos.
- Reconocer cuáles son las emociones que nos causan dolor.
- Escribir lo que sentimos para descargar emociones.
- Tratar de sacar las emociones hablándolas, comunicándolas y atacando los símbolos que representan ante el dolor.
- Perdonar a quien nos faltó y por quien sentimos rabia y/o resentimiento.
- Auto-preservarnos consiguiendo que los desengaños, el desamor y los desencuentros se curen.
- Tratar de lograr la serenidad y la quietud que da el vivir en paz con nosotros mismos y con los demás.

Las energías que acumulamos dentro de nuestro cuerpo y mente, muchas veces nos obstaculizan y paralizan; por tal razón, para seguir activos tenemos que darnos el permiso de sacar y soltar las energías acumuladas, las cuales, si no se sueltan, se convierten en frenos, que no nos dejan abrirnos a nuevos campos, a nuevas ideas, a nuevas relaciones y a nuevas conexiones.

Las emociones como el odio, el rencor y la rabia, constituyen un peso energético que no nos deja fluir, que nos aprisiona y nos convierte en resentidos, colocándonos a nivel de la situación de la persona que nos dañó, por tanto es necesario entrar en contacto con la situación o persona que nos hirió, para entrar en un proceso de entendimiento y de liberación que sane la ofensa y que nos permita estar en paz con nosotros mismos y con la vida.

El perdón es clave para reconciliarnos, pues perdonando y perdonándonos entramos en un proceso de auto-preservación que nos permite reconciliarnos con todo, para conseguirlo, tenemos que romper los ciclos que han generado en nosotros desengaño, desamor, desencuentros y entrar en un proceso de sinergia con las personas que están cerca. Para reconciliarme conmigo mismo tengo que desnudar el alma, no usar la mentira, pues cuando la disfrazamos de verdad se convierte en una muralla que no nos deja ver al otro lado, con la consecuencia de que tampoco me ven a mí; solo al reconciliarnos, podemos ver a través de la muralla y más allá, con una visión nueva que genera independencia y libertad. *"El que se auto proclama Juez de una causa basada en la mentira se convierte en reo de su propio enredo"*. (N.B). La reconciliación nos lleva a renovarnos, a tener nuevos bríos, a empezar teniendo como únicas armas la verdad, la autenticidad, la transparencia y la claridad; todas estas armas nos serviran para la toma de las grandes decisiones y para la solución de los conflictos que se presenten.

La reconciliación nos lleva a sacudirnos, a no resistirnos, a disponernos a enfrentar la crisis, el conflicto, el temor y el miedo; para poder emerger, renacer y comenzar de nuevo. La reconciliación se da, en la medida que sacamos nuestras heridas y miserias a flote y en como vivimos el dolor y la vergüenza que nos causan; así como la medida en que las convertimos en maestras de vida, dejándonos experimentar la sensación de ser el más miserable de todos los humanos, para asumir y reconocer el dolor, convirtiéndolo en punto de partida para nuestro accionar y poder entrar en una etapa de reconstrucción, de cambio y renovación. Al reconciliarnos con esa persona que somos, tal y como somos; es entonces cuando empezamos, realmente, nuestro proceso de reconstrucción; abriéndonos para:

- Convertir las miserias en posibilidades.
- Hacer conciencia de que la vida comienza y termina en mí y en cada uno de nosotros.
- Acercarnos más al umbral del dolor para construir relaciones más sanas
- Ver las cosas desde nuestras posibilidades
- Ser misericordiosos con nosotros mismos y con los demás.
- Ser fieles a nosotros mismos y a los demás.
- Ser compasivos ante nuestras miserias y las miserias de los demás.
- Limpiarnos y re-potenciar una nueva visión de la vida.
- Unir nuestras miserias y la de los otros con concordia.
- Reconocer las diferencias y las cosas que nos unen.
- Ver en el perpetrador, el maestro que nos ayuda a crecer.
- Perdonarnos a nosotros mismos y a los demás
- Reconocer en nuestros enemigos, a ese alguien que nos ayudó a encontrar otra manera de hacerlo.
- Dirigir nuestras energías hacia lo positivo.
- Equilibrar las polaridades del dar y el recibir.

- Reconciliar el balance entre la luz y nuestra sombra.
- Encontrar nuestro verdadero ser.

19

EL COJÍN DE LA CONEXIÓN CON EL SER Y LA TRASCENDENCIA

Valor y Actitud para la FI: "Todo el potencial humano está dentro de nosotros, por eso para conectarnos con los otros, tenemos que estar conectados con nosotros mismos". "La trascendencia es la superación del ser, para ir mas allá de la realidad..."

Por ley universal, recibimos en función de lo que damos, se produce un regreso de lo que hay en tus pensamientos y los deseos, somos el punto de tránsito hacia los demás de aquello que pensamos. Asimismo, en la Biblia se hace alusión al cosechar aquello que plantamos. Del mismo modo con el pensamiento nos conectamos con el bien divino y lo proyectamos a los demás, para sanar enfermedades físicas, emocionales y espirituales.

La conexión es un canal a través del cual el amor de Dios se hace presente para ayudarnos a vencer la soledad, el miedo, las carencias, la falta de afectos y las emociones negativas que nos afectan. Al reconectarnos, entramos en un proceso de evolución que nos permite entrar en nuestro propio mundo interior, para conectarnos con nosotros mismos, vincularnos con el universo y con la tierra, abriendo ventanas, puertas y balcones hacia una nueva vida, para establecer un filtro de sanación entre cada una de las partes que envenenan nuestra alma como son: el odio, el rencor y la envidia. El saber ser *"es la posiblidad de realizar un reto sobre sí mismo a partir del análisis y la reflexión personal"*. Todo el potencial humano está dentro de nosotros, por eso para conectarnos con los demás tenemos que estar conectados con nosotros mismos, esta conexión nos ayudará a aceptarnos, a relacionarnos y poder complementarnos con los otros. Cuando la relación con los demás se torna rutinaria, agotadora y poco atractiva debemos darnos cuenta que ha llegado el momento de buscar una cura, llegó el momento de:

- Revisar tu vida para ver si está conectada contigo mismo a través del amor, la comprensión, la armonía y la paz, solo así el universo te devuelve eso.
- Conectar con lo positivo, pues el futuro es la suma de lo que hemos estado pensando, pensamientos que se van a manifestar en nuestras vidas como correspondencia a aquello que deseamos.
- Conectar nuestro cuerpo con las emociones que proceden del interior, con las impresiones que recibimos del medio exterior, para complementar nuestra percepción de la realidad.

Al conectarnos con el universo y con la naturaleza, nuestro organismo almacena estas energías, las cuáles se convierten en fuentes de sabiduría para ayudarnos a vencer las amenazas, la tristeza, la vergüenza y otras emociones negativas que nos perturban, nos limitan, nos hieren y nos hacen daño generando en nosotros incertidumbre, rencor, resentimiento y soledad. *"El amor divino es la esencia de mi ser"*; es el valor intrínseco de lo que soy y de mi pleno derecho al amor de Dios.

Cuando nos conectamos con el poder de Dios, fluyen emociones positivas que nos sanan: como la risa, las lágrimas, la conversación tranquila, la serenidad y la tranquilidad.

Pero cuando la conexión con nuestro yo interior nos falla, nos falla nuestra conexión con los demás, es por ello que los especialistas de los problemas de la conducta recomiendan usar algún tipo de técnica, que como las siguientes pueden ayudarnos a mejorar nuestra conexión:

- Dar gracias frente a un espacio por la belleza interior que poseo, no solo por la exterior.
- Dar gracias con palabras, gestos y miradas, por la belleza interior de los demás.
- Tratar de conquistar a otros, con amabilidad y cortesía, mostrando seguridad.
- Mostrar una actitud optimista con palabras y expresiones positivas.
- Conectarte contigo mismo a través de la oración y la reflexión, tratando de restaurar tu yo interior.
- Darte la oportunidad, al relacionarte con los demás para conquistar y reconquistar tus metas y ayudarlos a lograr las metas de ellos.
- Rechazar las expresiones negativas, haciendo silencio cuando alguien las pronuncia y cuando es posible, contestar con palabras positivas.
- Reconocerme para elevar mi ser; reconocer a los demás para elevar su ser.

Muchas veces sentimos que en nuestras vidas hay una interferencia que no nos deja avanzar, que no nos deja vencer; bloqueos que nos paralizan como: el miedo, los traumas, la inconformidad, la ignorancia, y la impotencia, las cuales se convierten en enfermedades físicas, pues nuestro organismo somatiza estas situaciones y las convierte en enfermedades que solo se curan con una reconexión armónica del cuerpo, el espíritu y la mente. La reconexión nos libera y nos ayuda a hacernos responsables de mover las fuerzas que sostienen nuestra vida. Cuando nos reconectamos, entramos en alineación perfecta con el universo que se convierte en endorfina para nuestra alma y nos ayuda a librarnos, no solo de la enfermedad, sino que nos sana y nos ayuda a entender la trascendencia como *"la superación del ser"*; es ir más allá de la realidad, en la búsqueda de la superación personal, espiritual, intelectiva e intuitiva. En el plano de la trascendencia espiritual se parte de que el espíritu, *"es el plano superior, punto focal de la energía vital y el valor de lo ideal"*; en el plano personal, el ser humano es un creyente que tiene la certeza de las cosas, cree en lo correcto y en lo justo, es un ente ético; es un ser digno, con derechos individuales y sociales, con principios morales que lo inquietan, involucran e inspiran.

20
EL COJÍN DE LAS COBIJAS

Valor y actitud de la FI: "Solo vemos con claridad desde el corazón, pues lo esencial es invisible a los ojos humanos".
"Con la cobija de la protección, me abro a recibir el bien
y las bendiciones que Dios tiene para mi".
N.B

Desde mi infancia, observé que era muy común entre los habitantes de mi pueblo hablar de cobijar, por techar, que regularmente se hacía con elementos naturales abundantes en el entorno como eran, la yagua, cana o planchas de zinc (que daba estatus a quien pudiera adquirirlo); pero también, se entiende como cobijarse usar frazadas o sábanas para palear el frio que en los meses de enero y febrero era muy significativo. En un caso u otro, la cobija sirve para protegernos de la intemperie, del sereno, del rocío, del sol, la lluvia o el frio.

El cojín que usamos para cobijarnos opera como una sombrilla que nos protege de sentimientos negativos, malas vibras, sufrimientos, dolor, culpas, angustias y miedos, permitiendo que solo veamos con claridad desde el corazón, pues lo esencial es invisible a los ojos humanos. Cuando nos cobijamos, nos protegemos de cualquier amenaza exterior hacia nuestras intimidades que debemos conservar sin dañar, pues *"la felicidad viene de dentro sin importar lugar ni momento"*.

Los ingredientes del cojín para cobijar mi techo serán eco-amigables:
- En vez de concreto armado, un árbol.
- En vez de una carpa, el cielo.
- En vez de piso de cemento, el suelo.
- En vez de asbesto, el barro.
- En vez de poliéster, la lana.
- En vez del frio metal, la paja.
- En vez de una carpa, unos brazos humanos.

Cobijas que necesitamos para vivir mejor y para reciclar y renovar nuestro espíritu:

- Muchas veces hay un pasado que arrastramos como pesado fardo, pero si nos aferramos a la **cobija de la fe,** esta nos da consuelo y nos prepara para empezar de nuevo.
- Muchas veces arrastramos la cobija de la culpa, pero si nos aferramos a la **cobija del perdón**, no solo seremos disculpados sino que seremos perdonados.
- Con frecuencia y desde niños nos aferramos a la cobija del miedo, carga pesada que se enraíza en nuestra mente, que no nos deja vencer los obstáculos pero que si nos aferramos a la **cobija divina**, podremos enfrentar mejor la vida.
- Cuando arrastramos la cobija de la ansiedad, permanecemos inquietos y nos falta el sosiego, pero cuando nos cobijamos con la **cobija de la paz**, nos sentimos aliviados, serenos y tranquilos.

- Otras veces la cobija que arrastramos son las frustraciones y las inconformidades, por sueños no logrados, por acciones inconclusas, por falta de recursos pero si nos protegemos con la **cobija de la comprensión,** nos abrimos a recibir el bien y las bendiciones que Dios tiene para nosotros.
- Cuando arrastramos una cobija cargada de situaciones no perdonadas, donde no perdono ni me perdonan a mí, acudo a la **cobija de la misericordia,** me abro a otros y permito que los otros se abran, uso mis dones y talentos para la caridad.
- A veces uno se pregunta ¿Tengo derecho a ser feliz? Porque hemos arrastrado por tanto tiempo la cobija de la infelicidad que parecería que no tenemos derecho a ella, sin embargo, para **cobijarnos con la felicidad** que viene de nuestro interior, tenemos que disfrutarla a través de las cosas sencillas, buscarla en la esencia de la vida y las personas que nos rodean y que nos hacen sentir libres, cómodos, confiados, seguros, gozosos y alegres.

COBIJAS QUE SALVAN:

- La sombra protectora de un árbol a medio día.
- Los brazos que con calidez te acogen y abrigan.
- El amigo que te invita a su mesa para compartir el pan.
- La tibia cama que te acoge para el descanso y el sueño.
- La institución que abre sus puertas para compartir tus experiencias y el trabajo.
- Las bendiciones que nos dan familiares y amigos para que nos vaya bien.

- La actitud positiva que nos acoge y nos ayuda a superar la adversidad.
- La energía de los ángeles que nos protegen y liberan trayéndonos paz, prosperidad, y la purificación del amor incondicional.
- La intuición que nos impresiona y como una corazonada nos advierte con sabiduría.
- La cumbre que nos recibe, al escalar la meta.
- La luz del sol que nos calienta y nos llena de energía.
- Los oídos del hermano y del amigo que nos escuchan y nos prestan atención.
- La calidez de los ojos de una madre, cuando mira al hijo.
- La comprensión del jefe, cuando tienes que faltar a tu trabajo.
- La acogida del dueño de casa, cuando eres huésped.
- El techo que te protege, cuando hay una tormenta.
- La satisfacción que como manantial de alegría nos deleita, al apreciar las cosas sencillas.

21
EL COJÍN DE LOS ESCENARIOS

Valor y actitud para la FI: "Con la inteligencia podemos lograr revertir situaciones adversas y convertirlas en bendiciones". "Tener visión de futuro, pues la visión nos ayuda a transformar las circunstancias."
N.B

A casi todos, nos han acusado de controladores, y es cierto a veces, aunque no nos demos cuenta nos convertimos en controladores y no solo de circunstancias y de situaciones, sino que nos convertimos en controladores de la vida misma, manipuladores de sueños, de ilusiones y de los diferentes escenarios en que nos desenvolvemos.

Cada quien escoge las circunstancias en la que quiere vivir, sin embargo, muchas veces tiene que enfrentar grandes obstáculos, de modo que se ve precisado a transformar, evolucionar y cambiar la realidad, haciéndose necesario recurrir al cojín de los escenarios a través del cual, podemos proyectar el futuro a partir de las variables positivas y negativas, así como las variables a favor y en contra.

La vida nos presenta en el día a día varios y múltiples escenarios, que tenemos que acoger en forma receptiva. Pues las buenas o las malas situaciones que nos presenta, hay que enfrentarlas con optimismo, buena disposición y entereza, es nuestra verdad y nada hacemos con obviarla.

Los escenarios constituyen un proceso de participación organizada, para explorar la situación en un momento y lugar dados al respecto de un conjunto de variables. En el cojín de los escenarios partimos de tres momentos que nos ayudarán a enfrentar en forma exitosa un futuro más promisorio, con mayores oportunidades y con mayores posibilidades, estos momentos son:

El pasado: que es el tesoro de nuestra vida, las cosas que aprendimos, las cosas que sucedieron en nuestra vida y que se harán presente cada vez que recordemos, cada vez que activemos la memoria para que afloren vivencias, las cuales volverán a nosotros irremediablemente.

El presente: que es el hoy, el ahora, el tiempo en que estamos creando relaciones, creando experiencias.

El futuro: que son las posibilidades, y la visualización positiva de crecimiento, desarrollo, abundancia, prosperidad, triunfos y de éxitos.

El futuro está lleno de incertidumbres e inseguridades por lo qué, se hace necesario controlar las variables de nuestros escenarios presentes para proveer y controlar situaciones adversas, que nos ayudarían a vivir mejor y a tener confianza en que Dios, que nunca nos abandona, provee en función de nuestras necesidades. Al explorar diversas alternativas de escenarios, nos damos cuenta de que *"los inicios pueden ser tormentosos, y difíciles, pero que existen varios futuros posibles con respecto*

a los finales", los cuales pueden ser:
- Imprecisos, superficiales, pero llevaderos y tolerables.
- Difíciles e insostenibles, caótico e incierto, pero posibles.
- Dolorosos, tristes y pesarosos, pero soportable.
- Pesado y agotador, pero sostenible.
- Poco prometedor, pero no podemos perder la esperanza.
- De mucha perturbación y violencia, pero con posibilidades de ser apaciguado.
- Inseguro e inestable, pero sujeto a cambios.
- Adverso y contradictorio, pero reversible.

El futuro puede ser promisorio si partimos del dicho de que, *"hay que darle una oportunidad a la esperanza"* o aquel que dice, *"lo que llega fácil, fácil se va"*, pues con el esfuerzo y el uso de la inteligencia podemos lograr revertir situaciones adversas y convertirlas en bendiciones, haciendo posible la frase *"Dios bendiga el bien que me trajo ese mal"* y así convertirnos en el *"vehículo de Dios"* que nos ha de llevar al bien máximo.

Las variables para la elaboración de un escenario con futuro promisorio serán:

- Tener fe en uno mismo y actuar conforme a ella, pues *"la fe sin acción es una desilusión"*.
- Tener visión de futuro, pues *"la visión nos ayuda a transformar la circunstancias"*.
- Ser fiel a uno mismo, pues es *"la mejor forma de mostrar la autoconfianza y la autenticidad"*.
- Visualizarse positivamente, pues *"lo que decretes hoy será lo que sucederá mañana"*.

- Atender los detalles, pues *"Dios está en los detalles"*.
- Tropezar y levantarse, pues *"de ti depende que te detengas o que escape a una nueva forma de vida"*.
- Ver las virtudes, pues *"ellas están aun, en las miserias humanas"*.
- Asumir la perseverancia como la virtud de los fuertes, pues *"todo lo que resiste persiste"*.
- Soñar y vivir en grande, pues *"cada día que vives es una ocasión especial"*.
- Encender la luz que ilumine nuestro camino, pues *"un rayo de luz basta para ver el profundo abismo"*.
- Actuar en forma libre, pues *"quien es libre contagia libertad"*.
- Dejar a Dios actuar, pues *"nadie es dueño de su destino"*.
- Vencer el temor y el miedo, pues *"el que no espera vencer está vencido de antemano"*.
- Ver en una pizarra vacía la oportunidad de escribir el proyecto, en positivo, de tu vida, pues *"la vida empieza cada día"*.

22
EL COJÍN DEL RESURGIR

Valor y actitud de la FI: "Es hora de sentarnos sobre los escombros para desde allí poder reconstruir una nueva forma de vida".
NB

Estamos viviendo tiempos difíciles que algunos llaman: *"la cultura de la ansiedad"*, *"la cultura del estrés"*, *"tiempos de desolación"*, se dice que estamos *"secos de amor"*, que estamos *"ausentes de Dios"*, que hemos sembrado el desequilibrio, que estamos viviendo en un mundo de conflictos y hemos creado el peligro por doquier. Es hora de sentarnos sobre los escombros, para desde allí poder reconstruir una nueva forma de vida y vencer la estrechez de corazón.

Habrá que acabar con un mundo que ya no nos sirve para construir de nuevo la esperanza, un nuevo mundo, que desde lo personal requiere una reconciliación interna, para que desde nuestro interior, para que desde los otros nos obligue a acompañar la soledad en alianza con los demás y poder iniciar un cambio, y así resurgir fuertes y vigorosos hacia una nueva forma de vida.

Todo el miedo, la angustia y la soledad que genera el mundo de hoy, requiere un renacer, un resurgir que nos centre, que nos integre y equilibre, que nos permita crear una realidad más positiva, pacífica y tranquila que posibilite enfrentar el día a día y nos ayude a eliminar todo aquello que obstaculice el logro de las metas, ordenar el caos, enfrentar los miedos y eliminar el sufrimiento.

De todos es conocida la leyenda, casi verdad, del ave fénix, que sucumbe ante la adversidad, el caos y el desorden, que pierde toda esperanza y enfrenta el desastre, viendo apagarse toda posibilidad de superar las dificultades; sin embargo, el fénix renace y se levanta, con nuevos bríos, triunfante, majestuoso e imponente para rehacer todo aquello que pereció, que terminó; todo aquello que colapsó, para comenzar a construir una vida nueva; para vivir una metamorfosis y así como de la espina nace la rosa, de la tempestad nace la calma y de la crisálida nace una esplendorosa mariposa; resurgir de las propias cenizas y con fe avanzar hacia el mayor bien. La percepción de derrota, deterioro, desastre y desesperación se convierte en una palanca para reinventarnos, para reciclarnos y reaccionar en la búsqueda de solución y evolucionar hacia nuevos paradigmas.

¿Qué necesito para renacer como el ave fénix? Colocarme en posición de cambio y con actitud de resurgimiento a partir de:
- Palabras y acciones que me permitan asumir el cambio.
- Actitud receptiva al crecimiento, a la transformación y a la renovación del cuerpo, la mente y el espíritu.
- Una disposición al cambio y a la innovación.
- Una reacción a luchar contra todo aquello que te aba-

te, que te oprime y que coarta tus posibilidades.
- Cambiar la vida y no dejar que la vida nos cambie.
- Hacer de las cosas ordinarias algo extraordinario.
- Dejar de ser víctima y hacernos responsables de nuestros actos.
- Ser proactivo en vez de reactivo.
- Tener una actitud positiva frente a situaciones adversas.
- Entender que la vida se renueva, evoluciona y cambia cada día desde los escombros y cenizas de situaciones adversas.
- Dejar fluir aquellas cosas sobre las que no tenemos control.
- Conectarnos con los demás desde las similitudes para crear las condiciones del resurgimiento.
- Estar dispuestos a abrirnos desde los otros y con los otros.

El cojín del resurgir es una respuesta al proceso cíclico de construcción y recosntrucción de una nueva vida después del caos y el desmembramiento, unir las partes en una sintonía armonica que nos lleva a surgir:

- Como la primavera reverdece a la naturaleza.
- Como el náufrago se aferra al tronco que flota en la superficie.
- Como Lázaro que resucita por la fe de su hermana en Jesucristo.
- Como el creyente que se convierte y nace de nuevo.
- Como el que permanece calmo en la tormenta.
- Cuando rompo las cadenas del pasado y me agarro a las posibilidades del futuro.
- Cuando dejo atrás el dolor y el miedo y me alimento

con el amor.
- Cuando *"somos isla de misericordia, en el mar de la indiferencia".* (S.S Papa Francisco).
- Cuando somos capaces de practicar *"la generosidad como el único camino de conversión".* (San Agustín).
- Cuando somos capaces de encontrar a *"Dios, que solo lo encuentran los humildes y los más pequeños"* (San Agustín).

23
EL COJÍN DEL CAMBIO

Valor y actitud para la FI: "El cambio es la fuerza que necesitamos para... liberarnos de los resentimientos".
"Para cambiar hay que cortar las malezas que crecen en el alma, para que nazcan, crezcan y fructifiquen nuevas semillas".
NB

Atenta a lo que se dice a mi alrededor, escuché un dicho que me dejó un gran mensaje, *"piedra que rueda no acumula moho"*, esa dinámica que implica el rodar que es a la vez movimiento, es la mejor forma de entender el cambio, cuya génesis se deriva de la resistencia a lo estático, a entender que cuando hay obstáculos en el camino, la solución está *"en cambiar de táctica pero no rendirse",* porque *"hasta las peores cosas traen lo mejor con ellas".*

Cambio significa transformación, evolución, avance, modificación y renacimiento dando futuro a las cosas positivas que nos han pasado, vivir el presente abierto a lo mejor y a crear circunstancias de bien.

El cojín del cambio nos lleva aceptar, que la dinámica del cambio es permanente y que no hay forma de detenerla; hay que asumirlo y comprender cada una de las áreas que cambian respecto de nuestra persona y del entorno que nos envuelve. El cojín del cambio nos ayuda a entender que tenemos el poder de cambiar para bien, que no podemos oponernos al cambio sino más bien aceptarlo dentro de la dinámica de la vida.

El cambio a nivel personal no se puede imponer, ya lo dijo San Agustín *"Dios te creó sin ti, pero no puede salvarte sin ti"*, somos dueños de nuestro propio destino y responsables absolutos del rumbo que damos a nuestra vida; somos, por tanto, creadores de nuestro propio cambio, aceptando primero eso que somos, autenticidad y la adaptabilidad a situaciones nuevas. Las cuales demandan que para cambiar tenemos que:

- Querer cambiar; sentir la necesidad.
- Creer en el cambio; saberlo posible.
- Crear el cambio; visualizarlo y asumirlo.
- Decidir cambiar; accionar, moverse e iniciar.
- Sostener el cambio; paciencia y perseverancia.
- Predicar el cambio; poner el ejemplo.
- Aceptar el cambio; tener fe, confianza y adaptarse.

Tenemos que aprender a cambiar el guión de nuestras vidas; desde una actitud que nos lleve a saber, que lo permanente en el ser humano es el cambio y por tanto tenemos que:

- *"Mirar de dónde vengo, saber en dónde estoy, para saber a dónde voy".*
- Saber que una actitud positiva hacia el cambio, nos hace sobrevivir en la crisis.
- Vivir el día a día valorando las cosas pequeñas que suceden.
- Convertir las cosas malas en oportunidades de cambio.

- Saber que aunque esté quebrado en miles de pedacitos no dejes de creer en ti, pues *"esa situación cambiara"*
- Creer que *"lo que no te quiebra te enseña", "lo que no te mata te fortalece".*
- Creer que *"hasta las peores cosas, traen lo mejor con ellas".*
- Ser humilde en cada situación que se presente, *"para ser el primero entre la gente e ir detrás de ellos".*
- *"Empezar por hacer lo necesario, luego lo posible y terminar haciendo lo imposible".* (San Fco. de Asis).
- Saber que donde termina el esfuerzo por el cambio, empieza el fracaso.
- Saber que todo llega para quien sabe esperar.
- Saber que la excelencia no es un acto, es un hábito.
- Estar atentos para, " *Ver en cada fracaso una oportunidad".*

Para cambiar, hay que cortar las malezas que crecen en el alma, para permitir que nazcan, crezcan y fructifiquen nuevas semillas, nuevos pensamientos, nuevas palabras, nuevas acciones, nuevas ideas.

Hay otro cambio en el que también tenemos responsabilidad y que el cojín del cambio nos ayuda a entender y a ser ente activo, es el cambio social, que nos hace coresponsables de todo lo que sucede a nuestro alrededor. Así como el planeta está en un proceso de cambio, de reorganización y de recomposición, así nosotros los habitantes del planeta tenemos que regenerarnos, cambiar nuestra actitud, la manera de ver la vida y la manera de como nos relacionamos.

Quedarse paralizado sería como retroceder, por tanto, es necesario asumir el cambio desde:

- La conexión con lo espiritual, para entrar en paz interior, tranquilidad y armonía.
- La conexión con nosotros mismos, sin caretas ni máscaras sino más bien desde nuestra realidad y autenticidad.
- La conexión con los demás, que debe partir del hecho de que *"me vinculo contigo desde mi vinculación conmigo"*.
- Enfrentar la realidad desde nuestras carencias, desde nuestras debilidades y frustraciones, desde los momentos de crisis, decepciones y tristezas para cambiar esas situaciones a través de renovarnos.

El cambio, tenemos que buscarlo desde dentro, tampoco podemos buscarlo solo desde la explicación lógica, pues el *"viaje no es hacia la razón, sino más bien hacia el corazón"*.

Tenemos que conectarnos con los demás desde las similitudes, desde lo común, para desde allí poder ayudarlo a cambiar. En lo relativo al cambio social, tenemos que partir del hecho de que no vivimos solos, por tanto mi cambio será más eficaz cuando entro en comunidad con personas que quieren lo mismo que yo; cuando creo en ellas y creamos los vínculos que nos contagian hacia el logro de las metas comunes.

El cojín del cambio es esa fuerza que necesitamos para aprender a cerrar ciclos, para liberarnos de los resentimientos, renovarnos y convertirnos en un ser nuevo.

El cambio desde la trascendencia se logra a partir de la providencia divina que nos llena de bendiciones, las que *"Dios hace llegar a nosotros por muchos canales, algunas pueden ser reconocidas a simple vista mientras que otras solo pueden apreciarse gracias a la fe y a la determinación"*. Las personas somos el canal por donde fluyen las bendiciones, las cuales nos ayudan a asumir una actitud de cambio para lograr vivir mejor. En la medida que nos hacemos interpretes de los símbolos y señales de las bendiciones que Dios nos da; las bendiciones nos llegan a través de la gracia divina que está disponible en todo momento y lugar, y que se derrama sobre nosotros como dones, como aliento y misericordia que calma, consuela y fortalece. La gracia divina, se recibe cuando damos las gracias por todo lo recibido cada día, cada momento y cada instante, *"el que no da gracias no merece la gracia divina"*. *"Da más y espera menos de los demás, aunque de Dios lo espere todo"*, porque Él provee y provee misericordiosa y abundantemente.

Las bendiciones tenemos que usarlas, pues *"la mayor tragedia no está en no tener bendiciones, está en tenerlas y no usarlas"*. El verdadero cambio se da cuando hacemos uso de las bendiciones que Dios nos da, porque nos hemos hecho merecedores de ellas.

24
EL COJÍN DE LA ESTIMA

Valor y actitud para la FI: "La estima es la fuerza que nos lleva a hacer de lo ordinario algo extraordinario". "La estima nos lleva a mejorar la imagen que tenemos de nosotros mismos".

La estima, es esa fuerza que nos mantiene en control de lo que hacemos y de lo que somos, nos da seguridad y nos hace aceptarnos tal y como somos, sentir orgullo por lo que somos y hacer que los demás sientan orgullo por eso. Saber que somos dueños de nuestro propio destino; ya lo dijo el gran líder de Sudafrica Nelson Mandela *"soy amo de mi destino, capitán de mi alma"*.

La estima es esa fuerza que nos lleva a *"hacer de lo ordinario algo extraordinario"*, sobresalir en lo que hacemos, *"ser hoy mejor que ayer"*. Es sentirnos merecedores de la abundancia y de la prosperidad, con la seguridad de que *"tengo el bien que merezco y puedo llegar a tener un mayor bien"*. La estima nos lleva a la auto aceptación, a dejar el papel de víctima para reconocer lo que somos, lo que podemos llegar a ser.

Asimismo, la estima nos lleva a mejorar la imagen que tenemos de nosotros mismos, muchas veces no nos sentimos bien con lo que somos, probablemente por inseguridad, por complejo o baja auto- estima, en cualquiera de los casos la superación depende en gran medida de la manera como enfrentamos estas situaciones, para cambiarlas o mejorarlas creando habilidades especiales que nos ayuden a cambiar o aceptar cualquier situación que lesione nuestra estima.

Para cambiar la situación de inseguridad, tenemos que partir del hecho de que no podemos controlar como nos sentimos, pero si podemos hacer cosas para mejorar; el peor enemigo del ser humano es la duda, pues dudar a veces es sano, porque te pone en aviso, en alerta; pero cuando dudamos de todo y de todos, nos asalta la inseguridad, la inconformidad y la falta de firmeza en lo que hacemos.

La inseguridad nos lleva a otro gran problema de la estima, el complejo; para trabajar el complejo tenemos que entenderlo como *"una reacción exagerada en relación a un defecto"*; una dificultad o realidad que no aceptamos de nosotros mismos. Un ejemplo de complejo nos advierte que no seamos como el pavo real, que se pavonea abriendo su espectacular e inmensa cola hasta que mira al suelo y ve sus feas patas, y de inmediato baja la cola; veamos en las patas, la fuerza que nos mantiene erguidos; el poder que nos sostiene, para poder brindar al mundo la impresionante y acogedora belleza de nuestro plumaje, que cual real corona nos hace sentir reyes y reinas del universo.

La baja autoestima en grado extremo, también nos puede generar complejos; sin embargo, para trabajar la baja estima, que muchas veces, es una obsesión con la perfección, vivimos poniendo excusas o lo que es igual no asumiendo responsabilidades, para resolver estos problemas no hay recetas pero, siempre habrá formulas para mejorar y quizás hasta para sanar, desde:

- Dejar el papel de víctima, reconociendo nuestros propios valores; *"tú eres perfecto, tu eres hechura de Dios"*.
- Respetar, reconocer y acoger a los demás, dándole el lugar que le corresponde en el marco de la familia, los amigos, los compañeros.
- Cerrar ciclos y prepararse para empezar de nuevo.
- Dejar de juzgar y comenzar a apreciar nuestros talentos.
- Pensar positivamente y comenzar a construir una imagen positiva de sí mismo.
- Reconocer los talentos que Dios nos dio y avanzar hacia el logro de objetivos para crear la vida que deseamos.
- Relacionarse armónicamente y respetuosamente con los demás.
- Desarrollar la capacidad de perdonar, de amar, de ofrecer disculpas y de reconciliarnos.
- Actuar libre y espontáneamente.
- Tomar conciencia de las bendiciones que Dios ha derramado en cada uno de nosotros.
- Defenderse de los manipuladores diciendo ¡Basta ya!, ¡No!, ¡Hasta nunca! Y terminando sanamente una discusión, encuentro o relación.
- Dejar ir y dejar a Dios actuar.
- Acompañar la soledad, para no caer en la desolación.
- Reconciliarse consigo mismo para mejorar la autoestima.

Nuestras vidas están rodeadas de manipuladores cuyas maniobras e influencias sobre nuestras actitudes y decisiones, nos hacen sentir débiles, con dudas, en aislamiento y por consiguiente con baja autoestima, convirtiéndonos en víctimas de los manipuladores, quienes *"doblegan la voluntad del otro en beneficio propio"*.

El cojín de la estima nos proporciona herramientas útiles y necesarias para defendernos de los manipuladores, que suelen estar disfrazados de ovejas, pero que desde su propia baja estima nos descalifican, desde la crítica que muchas veces viene envuelta en un ropaje de seducción, simpatía, y aparente generosidad, siendo otras veces implacables, resultando ser despóticos y cizañeros.

La alta estima nos ayuda a defendernos de la indiscreción, la imprecisión, las contradicciones, la falsedad y el exagerado celo y control de los manipuladores. Solemos repetir con frecuencia que *"somos dueños de nuestra voluntad"*, por tanto, en nosotros están las posibilidades; pero, en ese abanico de posibilidades, están los percances, las desgracias, las situaciones difíciles, los problemas, las penurias y el pesimismo que contribuye a que nos asalten pensamientos como estos: *"las desgracias nunca vienen sola"*, *"las desgracias son fáciles de llevar cuando pertenecen a otros"*. Pero también, es bueno recordar a Honore de Balzac, cuando dice que *"Las almas grandes siempre están dispuestas a hacer una virtud de una desgracia"*.

25
EL COJÍN DE LA MISERICORDIA

Valor y Actitud de la FI: "Favor o gratitud amorosa y fiel de Dios para con nosotros, los seres humanos".

El ser humano ha sido creado por Dios, sabio y misericordioso, a su imagen y semejanza; es una unidad esencial y ambital; es un ente espiritual que anhela la felicidad, la belleza, el bien, la libertad; recreado por la gracia de Dios, esencialmente integrado con el cosmos y la comunidad humana; creado con libre albedrio, pero paradójicamente capaz de albergar las más bajas pasiones, si no se le educa, forma y mima, pudiendo convertirse en un miserable, capaz de practicar las más bajas de las miserias humanas. Muchas veces mal usamos la libertad con la que hemos sido creados y hacemos realidad las palabras de S. Agustín que dice: *"cuando la libertad se realiza a espalda de los valores morales y se busca la independencia excesiva o el capricho dando paso al porque-me-da-la-, gana, la libertad se reduce a intereses egocéntricos y por tanto es una libertad falsa"*. Los seres humanos, somos vulnerables a las miserias humanas: el odio, rencor, envidia, hipocresía, egoísmo, ambición, celos, chismes… Aun después de todo esto, somos merecedores de la misericordia que viene a ser el favor o gratitud amorosa y fiel de Dios, frente a nuestras miserias, que recibimos por la benevolencia de Dios a través de su hijo Jesucristo.

Con el cojín de la misericordia, pretendemos hacer conciencia de lo importante que es ser misericordioso, practicar la concordia y reconciliarnos con el amor, la justicia, y la libertad, para vencer el peor enemigo del ser humano, el egoísmo; cuyos tentáculos nos enclavan y nos llevan a ser miserables, ya lo dice San Agustín *"un hombre bueno es libre, incluso cuando es esclavo, un hombre malo es esclavo, incluso cuando es el rey, sirve a sus caprichos y tiene tantos señores como vicios".*

Entre las grandes miserias del ser humano están:
- **El individualismo,** *"egoísmo de baja frecuencia, no excluye a nadie pero no toma en cuenta a nadie"* (Ignacio Iglesia).
- **Nihilismo**, posición que argumenta que la existencia humana no tiene significado, el sin sentido de la vida, por tanto se refiere a la vaciedad del alma.
- **Egocentrismo,** según los griegos *"medusa de mil cabezas"*, cuyos cuernos son: el odio, la falsedad, el apego, la irrealidad.
- **La hipocresía,** conducta de los que defienden la idea de que *"es más importante parecer que ser".*
- **La arrogancia,** ego mal administrado, crecido y mayor que la persona, opinión exagerada de uno mismo, en realidad no tienen confianza en los demás y van por la vida atropellando y llevándose por delante a todos sin importar a quienes dejan tendido en el camino.

La vida nos da la oportunidad de practicar la misericordia, reconociendo nuestras miserias y las miserias de los otros, colocarlas en el tapete y reconciliarnos con ellas, reconstruirnos convirtiendo nuestras miserias en optimismo, y con una dosis de misericordia, armarnos de valor, paciencia y sabiduría, para:

- Cuando la adversidad se hace presente toma una tregua, pero jamás claudiques.
- Si el río corre hacia arriba no coloques diques, déjalo correr y espera que las aguas regresen a su cause.
- Cuando la vida no tiene sentido es el momento de reinventarnos.
- Recordar que sin esfuerzos no hay ganancias.
- Recordar que como en el surfear el tanto intentar ayuda a conseguir la ola.
- Recordar que la fuerza está dentro de ti.
- Procesar el enojo, controlar la ira y enfocarte en lo positivo.
- Reír cada vez que pueda.
- Cambiar la realidad para convertir los obstáculos en oportunidades.
- Conectar con el poder de la gratitud.
- Conectarnos con nuestro espíritu, para elegir estar en paz.
- Cultivar el ego sano que mejora la autoestima y la vida con los demás.

La misericordia es ese caudal de luz que se genera cuando entendemos las cosas, cuando abrimos la mente para ver nuestras miserias y buscar sanarlas; es esa fuente de agua cristalina que limpia, refresca y nos llena de felicidad; es esa serenidad que nos cautiva y nos deja ver las cosas con ojos de sabiduría; son esos pies descalzos que simbolizan la desnudez del alma, vestida de luz; es esa quietud y mano alzada como señal de espera del bien que ha de llegar; es esa mirada compasiva que nos hace sentir amados; es esa actitud de confianza, que nos dice aquí estoy, cuenta conmigo; es esa seguridad de hallar consuelo; es esa conexión de madres e hijos con la sangre y los sentimientos que es la vida.

La misericordia:
- No es solo cuidar de ti sino también de los otros.
- Es socorrer al que está necesitado, al que está en apuros.
- Escuchar y mirar al otro con ojos compasivos.
- Es ver con los ojos de Dios.
- Es vencer la escases interna llenando nuestra vida con Dios.
- Es compartir antes que competir.
- Es poder leer las señales del amor incondicional de Dios.
- Es tolerar y comprender las miserias de los otros.
- Es amar incondicionalmente a pesar de las miserias de los demás.
- Es ver y sentir en "Cristo, mi esperanza de gloria". (Col. 1: 27).

La misericordia, es como *"el sembrador, que siembra el árbol sin saber quién va a descansar en su sombra"*, es *"penitencia más que pasión"*, es *"esa luz opaca que al contacto con los otros enciende chispas de amor"*, es *"liberarnos de nuestros propios proyectos para asumir el proyecto de Dios"*, seguir el proyecto de Dios quiere decir acogernos a su voluntad, aceptar sus designios, es dejar a Dios actuar permitiendo que el bien infinito llegue a mi, *"porque tengo la certeza del amor de Dios y confío en sus bendiciones amorosas y espero paciente su misericordia", "porque todo lo deseado ha sido convenido"* y *"porque la escases no existe donde la provisión es Dios".*

La vida es corta, breve y poco precisa, por tanto el concepto tiempo es irrelevante, lo importante es la calidad en la administración de nuestros tiempos, pues la recompensa de la brevedad del tiempo nos la da el vivirlo intensamente, abrir cada una de las ventanillas del tiempo para agradecer la belleza de los sonidos, de los aromas, y del movimiento del viento; para valorar cada momento como una oportunidad de convertir la vulnerabilidad en coraje y fuerza para seguir; para liberarnos, aprovechar y hacer de cada momento un culto a la vida, al amor, al perdón y a la misericordia; para administrar nuestra vida con el mayor y más apreciado bien que Dios nos ha dado, sin querer vivir de prisa, sin querer vivir de más, *"porque querer vivir de más es no vivir"* y querer vivir de menos *"tampoco es vivir".*

Cuando vivimos, en orden divino, desde la misericordia de Dios hacemos de cada día el mejor día de nuestras vidas:

- Gerenciando el tiempo en forma de provecho.
- Manejando el tiempo en forma positiva.
- Conectándote con las cosas bellas.
- Descargándonos de las negatividades.
- Tomando conciencia de nuestras responsabilidades.
- Reconociendo la grandeza de la misericordia divina.
- Reconociendo en los otros, su condición de hijos de Dios.
- Conectando nuestra fuerza con la madre naturaleza.

Muchas veces sentimos que hemos malgastado nuestro tiempo, porque no hemos logrado cosas extraordinarias como: escribir un libro, crear una compañía, fundar una institución, recibir un reconocimiento o galardón, tener un puesto importante…

El sentimiento de fracaso e impotencia por no haber logrado algo grande, surge porque nos estamos comparando constantemente con otros, porque en el grupo al que nos hemos asociado nos ofrece ventajas como orientación, seguridad, aliento… pero también es posible que como la paloma cuando vuela en bandada obliga al grupo a ir más rápido para evitar la colisión y a la vez mantenerse dentro de su propio ámbito, a veces, olvidando que, *"lo importante no es competir sino compartir"* y es ahí, donde toma significado el cojín de la misericordia, que nos ayuda a compartir los dones que Dios nos ha dado, con los demás, dejando de lado las miserias que nos lastiman, esclavizan y castran nuestras posibilidades.

26
EL COJÍN DE LA CAPA

Valor y actitud para la FI: "La confianza nos cubre como capa protectora frente a las amenazas.. y nos inspira al acogimiento personal y relacional".
"La capa es ese manto de luz que envuelve nuestro cuerpo y espíritu en una sublime posición de bienestar".

Hay quienes viven cubriendo su cuerpo para encubrir su sentir, una situación o una posición, olvidando que no se puede encubrir, al usar una capa, la falta de confianza y de sinceridad. La vida nos coloca en posición de darnos cuenta que, como el ciego Baltimeo tenemos que quitarnos la capa de méndigo, de ciego y de pobre para ir tras Jesús y para asirnos a su túnica y pedir que nos cure la ceguera, que nos devuelva la luz, que nos haga ver la grandeza de su amor; para que lo difícil, lo imposible e inaccesible ya no lo sea más, pues con su ayuda nos haga vencer las inseguridades y el miedo.

Dejemos la capa a un lado y dejemos que nos vean tal y como somos: Así como el torero que sin la capa no puede torear, recordemos que lo que realmente hace al torero no es la capa, sino es su esencia de hombre valiente, es el coraje de enfrentar el peligro con hidalguía, es su paciencia y es su arrojo en el ruedo.

Muchas veces la capa nos sirve para ocultarnos de algo; para mantener en la sombra nuestros miedos; para ocultar nuestra falta de seguridad, de confianza y valentía; sin embargo en nosotros está hacer de esa capa un escudo protector, una muralla invisible que nos permita darle la cara al mundo, aferrarnos a nuestras fortalezas, a lo que tenemos, a lo que somos y a lo que podemos; a confiar y estar blindados frente a las amenazas y envestida que, con razón o sin razón, nos hacen los que nos rodean y la inspiramos al acogimiento personal y en las relaciones.

Usemos la capa para protegernos de la envidia, el odio la opresión y el rencor; males que vulneran nuestra estabilidad y que pueden destruirnos. Para protegernos a partir del cojín de la capa:
- Construyamos la capa con amor, ilusión, pasión y decisión, de modo que podamos conquistar el éxito.
- Construyamos la capa con valor, coraje y arrojo para poder conquistar el mundo.
- Construyamos la capa con paciencia, prudencia y templanza, para poder conquistar a los demás.
- Construyamos la capa con tesón y entrega, para dar lo mejor de nosotros mismos.
- Construyamos la capa con fe, esperanza y caridad sirviendo de puente al hermano.
- Construyamos la capa con sabiduría, solidaridad y altruismos, hagamos de la tierra un mejor habitat para vivir.
- Construyamos la capa con confianza, para poder acogernos tal y como somos y acoger a los otros

como son.

La capa que nos cubre de la lluvia, del polvo o del frío, nos protege de una posible gripe o quizás de un simple resfriado, pero en cualquiera de los casos, esa capa que nos protege se convierte en un abrigo o manto de luz que envuelve nuestro cuerpo y espíritu en la sublime posesión del bienestar, de sentirnos cerca de Dios, de sentirnos iluminados por su misericordia.

Hay una capa que desde nuestra niñez conocemos y que de vez en cuando quisimos usar para convertirnos en héroes de nuestras aventuras de ficción, donde co-actuan héroes y anti héroes, los cuales quisiéramos cambiar.

Para que la capa del antihéroe sea cambiada por la de héroe:
- La capa del lobo feroz, por la de caperucita.
- La capa del villano, por la del justiciero.
- La capa del vampiro, por la del monje.
- La capa del patrón, por la del obrero.
- La capa del toro, por la del torero.
- La capa del caminante, por la del misionero.
- La capa del méndigo, por la del molinero.
- La capa del necio, por la del sabio.
- La capa de sancho, por la de Quijote.
- La capa de drácula, por la del sacerdote o el doctor.
- La capa del pirata, por la del marinero.
- La capa del rey Herodes, por la de los reyes magos.
- La capa de Judas, por la del cirineo.
- La capa de Pilatos, por la de Jesús.

Todos tenemos en nuestro interior un rubí, una piedra preciosa que para llegar a descubrirla tenemos que ir quitando capas, que como mantos oscuros nos arropan y no nos dejan sacar el brillo de la piedra que se oculta y que debemos sacar a contra luz, para no dejar que la capa oculte nuestro tesoro.

27

EL COJÍN DE LA BOTIJA

*Valor y actitud para la FI: "La botija me sirve para guardar...
ese tesoro tan preciado que guardamos para usarlo en forma
fiduciaria en la convivencia con los demás".*

NB

Desde mi niñez la palabra botija encierra para mí un misterio, un poco leyenda, un poco verdad, pues la gran mayoría de los cuentos de nuestros abuelos/as hablan de personajes especiales que guardaban celosamente sus riquezas en bolsas de telas, vasijas de barro, sacos y otros materiales que enterraban en lugares estratégicos de sus casas, el patio o la finca. Esas botijas generaban mucha intriga, pues todos, de alguna manera, quieren descubrir el lugar donde se esconde el gran botín.

Mi abuela hablaba de botijas, donde guardaban las morocotas, los doblones de oro que eran de uso durante el período de la colonia y que sobrevivieron hasta el siglo XIX. Esas botijas guardaban el mayor tesoro que un hombre o una familia habían acumulado mediante un trabajo digno y que luego heredaban a sus descendientes.

El cojín de la botija, me sirve para guardar con gran esmero todos aquellos valores que van guiando mi vida y que me harán vivir mejor, ese tesoro tan preciado que guardamos para usarlo en forma fiduciaria en la convivencia con los demás.

El primer valor a guardar en la botija lo constituye **la dignidad**; en la parábola del anillo que aparece en el libro Vitaminas Diarias para el Espíritu, se lee lo siguiente: *"Tu eres una joya, valiosa y única, y como tal solo puede evaluarte verdaderamente un experto. ¿Qué haces por la vida pretendiendo que cualquiera descubra tu verdadero valor?"* Esa joya que somos, ese valor que poseemos solo lo vivimos cuando asumimos la dignidad como el mayor valor del ser y por tanto de la humanidad. Soy digno cuando me valoro, cuando me asumo capaz, cuando no me dejo pisotear, cuando soy responsable de mis actos, cuando actúo apegado a los principios éticos.

El segundo valor que atesoro en mi botija, es **la profesionalidad**; es cuando ejercemos nuestra labor con maestría, con competencia, haciendo que nuestras actuaciones trasciendan nuestro propio espacio y nos hagan ser creíbles y confiables a los ojos de los demás.

El tercer valor que atesoro es **la gratitud**; virtud practicada por seres humanos que manejan bien su ego, que aprecian lo bueno y lo bello que el universo nos ofrece, convirtiéndose en una persona optimista que en cada situación ve la oportunidad de agradecer a la vida, ve el lado positivo de las cosas. Debemos aumentar nuestro *"coeficiente de gratitud"* a través de:

- En vez de ver problemas, ver oportunidad.
- En vez de sentir inquietud, sentir esperanza.
- En vez de alejarse de las personas, crear conexión

con ellas.
- En vez de vivir desde la primera persona, vive de cara a los demás.
- Ver en cada momento la oportunidad de dar gracias a Dios. *"Den gracias a Dios por todo, porque esto es lo que él quiere de ustedes.."* (1 Tes 5:18)
- Ver en cada hoja en blanco la oportunidad de escribir una nueva historia.
- Agradecer a Dios lo relativo del tiempo, pues *"viejo el viento y sopla"*, *"viejo el sol y alumbra"*.
- Agradecer a Dios el amanecer que da paso a un nuevo día.
- Agradecer a Dios la tormenta que trae la lluvia y que ha de palear la sequía.
- Agradecer a Dios el don de la vida
- Atraer el bien a través de la práctica espiritual de la gratitud.

Cuando siento gratitud aprecio todo lo que me rodea, creo un cambio de conciencia, atraigo, como un iman, el bien a mi vida.

El cuarto valor que atesoro lo constituyen **las bendiciones**; que son el fruto de la bondad de Dios derramada hacia nosotros, nuestras casas, hijos y familias, compañeros y allegados, sobre toda la humanidad; nos llegan por diferentes vías, ya naturales o por intermedio de los demás, se manifiestan en acciones, símbolos y señales que el amor de Dios nos ayuda a interpretar. Las bendiciones son el amor de Dios fluyendo cual manantial inagotable de luz y amor.

El quinto valor que atesoro en mi botija es **la generosidad**; que orienta la forma de acoger y abrir nuestro corazón a los demás, haciendo a un lado deseos y afanes de tener y poseer, y que se define *"como una actitud desprendida que nos lleva a satisfacer las necesidades de los demás".* Es un valor que se complementa con la piedad, que no es más que hacer cosas con desinterés a favor de los más necesitados; es comprometerse con la suerte de los demás, dejando de lado intereses particulares y egoístas, cerrados a la beneficencia, por tanto, tan preocupados por sí mismos que se olvidan de dar ternura, amor, aliento y apoyo a otros. La generosidad *"nos lleva a acoger los valores que configuran la vida humana para su perfección".*

El sexto valor lo constituye **la aceptación**; cuyo poder nos hace libre, nos hace vivir de cara a la realidad y a sentirnos mejor cuando no podemos cambiar dicha realidad, a dejar el papel de víctima para reconocer lo que somos sabiendo, que podemos ser mejores. Es ver otras alternativas que hagan la vida más llevadera:
- Ver el lado bueno en lo malo.
- Ser optimista y hacer del optimismo un estilo de vida.
- Afirmar que somos importantes.
- Mirarnos como merecedores de la abundancia.
- Conectarnos con el yo interior, que es sabio.
- Aprender a vivir a partir de los buenos pensamientos, acciones y actitudes.
- Mejorar la imagen que tenemos de nosotros mismos.
- Aprobarnos tal y como somos.

El séptimo valor es **la felicidad**; que la determina aquello que sentimos y que no está, necesariamente, ligado a lo material y que muchas veces genera un bienestar y una felicidad superficial; la mayor felicidad está en conectarse con la divinidad, conexión que nos da paz y tranquilidad. Sentir la alegría nos permite ser agradecido con aquello que la proporciona.

El octavo valor es **el perdón**; en mi botija atesoro el perdonar, que va mas allá que hacer un favor, es más bien liberarnos, considerar y comprender a los otros, entendiendo que no todos hemos tenido las mismas oportunidades y que para conseguir el perdón hay que saber que en cada persona está Dios. *"Perdonar a los otros significa ver más allá del comportamiento"; "es estar listos para vivir plena y gozosamente". "Es romper ataduras de errores presentes o pasados y perdonarnos a nosotros mismos".*

El noveno valor que atesoro en mi botija es **la gracia**; es el legado de Dios a nosotros los hombres y mujeres que poblamos el planeta. La gracia es un don, son las bendiciones, es una virtud, es el mayor bien de que nos hacemos merecedores; es a compasión de Dios presente en mi; es el amor de Dios que se derrama incondicionalmente sobre nosotros, que nos consuela, nos sana, nos redime y libera de pesos y ataduras; es esa inspiración que nos impulsa a actuar positivamente; es esa protección que nos hace vivir confiados y seguros para alcanzar el gozo y la plenitud de la vida; es luz, sabiduría y poder que nos anima a crear nuevas formas de vida y mantenernos cerca de la perfección divina.

El décimo valor que atesoro en mi botija es **la oración**; en la que le pido y agradezco al Señor que aumente mi fe; *"realidad que solo se nos revela a medida que nos relacionamos con ella en forma creativa"*, (Alfonso López); que fortalezca mi amor por Él; que allane y bendiga la senda por donde camino, que me de salud, paz, prosperidad y abundancia; que me haga receptivo a la guía divina; que sea la luz que me permita ver; que sea la voz que hable a través de mí; que sea el poder que active mis manos; que sea el sonido que me guíe; que sea el aliento que me de vida, Amen.

En el cojín de la botija centrado en el valor de la oración pido y agradezco a mi Jesús, que tenga piedad de mi como la tuvo del ciego de Jericó, que me perdone y me redima como lo hizo con Zaqueo, que tenga misericordia de mi por ser una vil pecadora como lo hizo con el escribano en la parábola del Fariseo soberbio, que me haga justicia frente a mis adversarios como lo logró la viuda delante del juez injusto, en fin que me de la sabiduría para entender los signos y señales que de forma directa o indirecta llegan para iluminar mi vida y la vida de los que creemos y vivimos conforme a tus enseñanzas y que haga de la oración y la gratitud en mi y en ustedes un modo de vida.

28
EL COJÍN DEL DESAPEGO COMO UNA FORMA DE VIVIR CON DIGNIDAD

Valor y actitud para la FI:
"Los gozos mas bellos y espontaneos que he visto en mi vida son los de personas muy pobres que tienen poco a que aferrarse"
S.S Papa Francisco

El desapego tiene sentido, cuando recreamos a Mateo 6:26 *"miren las aves del cielo, que no siembran, ni cosechan, ni recogen en granero, y el padre celestial las alimenta, ¿Acaso no valen ustedes mucho más que ellas?"*

Ver, sentir y aferrarse a las cosas con apego, nos encadena y esclaviza a situaciones, personas e instituciones, por tanto nuestra liberación empieza en el momento que nos desapegamos, en el momento que dejamos ir los afanes, pero más aún, en el momento que dejamos a Dios tomar las riendas para enfrentar los retos, los miedos, las preocupaciones y temores.

Cuando estoy en calma pongo en sosiego mi alma grande, que se entrega a Dios y se abren los sentidos para estar receptivo al amor y a la misericordia. El alma grande no se apega al dolor, pues ya lo dijo el gran San Agustín, *"sufrimos en la medida que nos apegamos al dolor"*. El alma grande, es un antídoto ante el apego que acepta las situaciones sin resistencia, dejando que las cosas se den, que fluyan, que se vallan, pues el alma grande cierra y abre nuevos capítulos. La aceptación es un arma de lucha, es una herramienta de vida que tiene que ver con la no resistencia, con el soltar, con el aprobarme y el fluir; es en fin un arma para lograr el desapego.

El alma grande no se apega a recuerdos dolorosos, a situaciones difíciles, no permite ataduras inequitativas, acude a la comprensión divina y a la propia, abre el corazón a la posibilidad, con aceptación y receptividad. Al buscar en tu alma grande te darás cuenta cual es el momento de soltar, de hacer un pare para darte el permiso de percibir que el universo se mueve a favor de nuestros propósitos de vida, conectando nuestra alma al espíritu generoso y desprendido que Dios quiere que seamos; el alma grande deja a Dios actuar, deja que las cosas fluyan, pues el alma grande descansa su grandeza en Dios:

- No repara en la escasez, sino en la grandeza de las cosas que posee.
- No repara en lo que falta, sino en aquello que le sobra.
- No repara en las carencias, sino que bendice a Dios por lo que tiene.
- No añora el regalo que no recibió, sino que se satisface con el que dio.
- No echa de menos lo que perdió, sino que atesora lo que encontró.
- No repara en el amor que no llegó, sino en el amor que prodigó.
- No se centra en la separación, sino en el encuentro.
- Nada lo incomoda, sino que siempre se acomoda.

Es bueno considerar que el desarrollo personal se da en el desapego: cuando de niños, dejamos la cuna y la mano de la madre para dar nuestros primeros pasos; cuando dejamos el hogar de nuestros padres para hacer nuestra propia vida; cuando nos separamos de personas y eventos que nos causan insatisfacción y angustias; cuando nos alejamos de situaciones y circunstancias que nos hacen daño; cuando soltamos y dejamos ir aquellas cosas y hechos que nos atormentan; cuando dejamos bienes y servicios que nos esclavizan; cuando nos liberamos de hábitos, creencias y costumbres insanas; en fin cuando dejo que Dios actúe por mi confiando en su bondad infinita y su gran amor por mí y los míos.

En el libro de Mateo 6:21 leemos: *"porque donde este tu tesoro allí estará también tu corazón"*. ¿Cuáles son nuestros tesoros? La familia, el hogar, los amigos y compañeros…cada uno de ellos son tesoros que la vida nos proporciona, son medios que debemos cuidar, para que no se conviertan en fines, pues el fin deberá ser poner el corazón en aquello que nos da felicidad, para lo que tenemos que desapegarnos del protagonismo y empezar a ejercer el derecho a nuestra felicidad, que se manifiesta cuando disfrutamos con las cosas sencillas de la vida. *"Existe un tesoro que podemos llevar con nosostros, un tesoro que nadie puede robar, que no es lo que hemos ahorrado, sino lo que hemos dado a los demás"*. (S.S Papa Francisco).

Practicar el desapego nos libera, pues "las cosas que cargas contigo, son pesados fardos:
- Que en la navegación hacen hundir el barco
- Que en el trayecto del camino te cansan y agobian, te amarran y lastiman.
- Que al alpinista no lo deja avanzar hacia la cima.
- Que al avión no lo deja alzar el vuelo.

- Que hasta a Jesús, el peso de la cruz le hizo más largo el camino.
- Que el exceso de equipaje es el freno para cualquier viajero.

"Mientras menos carga, menos peso, mientras menos peso más ligero es tu camino". Aferrarnos a las cosas como la hiedra se aferra a la pared, nos coloca en una posición muy vulnerable, pues cualquier hachazo nos derriba y si no nos mata, hay que empezar a trepar de nuevo.

29
EL COJÍN DEL DESCUBRIR

Valor y actitud para la FI:
"Convertirme en creadora de amaneceres y en cada amanecer
querer que llegue la noche para empezar de nuevo."
N.B

Siento algo bullendo en mí que no logro hacer brotar, hay algo encapsulado que me oprime y tengo que dejar salir, que tengo que dejar fluir, desentrañar de la vida sus misterios y descubrirme, y descubrir lo que hay detrás de alguien que me sonríe, que me mira, que se dice ser mi amigo/a, que me satea.

Hay una herida profunda en mí, que me produce dolor, tristeza y miedo, que dispara mis dispositivos internos, pensamientos, sentimientos y emociones, pero que a la vez dispara mis dispositivos externos, que se expresan por la comprensión, la compasión y el amor.

Hay un deseo rondando dentro de mí, que quiero desentrañar y compartir con todos los que me rodean; deseo profundo de reverenciar la obra de Dios inmensa e inconmensuble; desvelar y honrar mi naturaleza crística a través de la oración, reflejo de nuestra certeza y fe en Dios.

Hay unos sueños que hacen presencia en mí, que me hacen experimentar un amor hecho de rechazos, de olvidos y de renuncias, pero hay algo que yace en mí, algo que me presiona y me insita a descubrir la alegría, la protección y la abundancía que me rodea.

Hay algo escapando de mí, que fluye cual vena rota, como torrente que no se agota; que emana de mí y hace fluir la honestidad y la sinceridad con las que doy lo mejor.

Hay algo que habita en mí, son los dones y talentos que Dios me ha dado, que me dan poder y me ayudan a cambiar mi entorno, es esa energía de mi cuerpo cósmico y mis emociones que se conectan para darme bríos, ese espacio sagrado, místico y energético que me ayuda a descubrir que Dios está dentro de mí, manifestándose a partir de mis potencialidades para poder crecer y ayudar a crecer a otros.

Hay un potencial en mí, que al descubrirlo lo convierto en competencia que aprovecho y canalizo al exterior para hacer de la vida algo mejor.

Hay algo levitando en mí, que da vuelta en mi cabeza como mariposa alrededor de la luz, como libélula que vuela sin rumbo engalanando el jardín di mis deseos, como mariquita deambulando en una hoja de trébol, que me inspira e ilusiona pero que no logro definir, que va y que viene pero que no logro descifrar, que se asoma y que se esconde, que ansío, deseo y anhelo y que espero un día alcanzar.

Hay algo cambiando en mí, que hace que no sea hoy lo que fui ayer y que no seré mañana la que soy hoy; que cada día descubro nuevas formas, nuevas maneras de amar y accionar, a persar de saber que para cambiar no es bueno borrar las pisadas, pues ellas te servirán de guía; que *"Pisar el pasado"* no es buena idea si no lo hacemos desde una actitud de verdadero cambio, decidido y permanente.

Para cambiar es necesario descubrir:
- Lo real ante lo potencial.
- La sabiduría en la ignorancia.
- La inmortalidad en la muerte.
- La luz en la sombra que proyecta.
- A Dios en los rostros de los otros.
- La luz de una estrella que brilla detrás de una nube.
- La belleza de la flor que nace en el pantano.
- La luz en nuestra propia sombra.
- Mi propio rostro de la máscara que lo cubre.
- Mi cuerpo de la capa que lo envuelve.
- El sentido de la vida desde dentro.
- A Dios en todas las acciones que emprendo.
- El baúl donde guardo mis recuerdos.
- La botija donde escondo mis tesoros.
- La alforja donde cargo mis alimentos.

Hay un nuevo día que tengo que vivir, donde cada amanecer es un reto, que descubro en cada nuevas formas de sobrevivir, de hacer que valga la pena vivir y proseguir esperando el siguiente minuto, la siguiente hora, para convertirme en *"creadora de amaneceres y en cada amanecer querer que llegue la noche para empezar de nuevo"*. (N.B). Que cada día resulte una aventura fascinante que desvela los misterios, escucha los halagos y omite las críticas desafiantes.

El mundo y las gentes vamos a la velocidad del relámpago, tan rápido que parecería que ya nada ni nadie nos detiene: los jóvenes prefieren los autos más rápidos, los niños prefieren las comidas rápidas, los adultos preferimos los aparatos a velocidad electrónica, las citas rápidas, el inmediatismo nos arropa, queremos las cosas ahora, hoy, al instante, inmediatamente, pues no hay tiempo para esperar; sería bueno, por ello, descubrir que:

- Es mejor la calidad despacio, que la cantidad de prisa.
- Es mejor el fruto maduro a su tiempo, que madurado con carburo.
- No podemos darle al roble el tiempo de la tayota.
- Es mejor esperar, que tener que socorrer.
- Es mejor el vino añejado, que el vino nuevo.
- Lo que llega rápido se va rápido.
- La vida es un tránsito y que mientras más rápido la vivimos más rápido se disipa.
- Hay que andar antes que correr.
- Es más importante ser que parecer.
- La permanencia del bambú se la da el tiempo de enraizar.
- Es mejor ser que tener.

Hay una sabiduría en mí, que me hace descubrir grandes verdades en las cosas más sencillas de la vida, que hace que penetre en el más profundo sentido de las palabras y descubra en ellas los sentimientos, las emociones y los valores de la vida, al descubrir algunos misterios que ella encierra como:

- Desde el caos podemos encontrar el orden del cosmos.
- A veces un buen paso dado a tiempo es suficiente para seguir.

- Dar pequeños pasos para que se conviertan en grandes saltos.
- La tristeza que entra por la hendija puede ser la alegría que sale por el boquete.
- La amargura que entra por el lado estrecho del embudo pueda salir por la parte ancha y se convierta en la miel que ha de endulzar a los otros.
- El amor divino que se expresa a través de nosotros.
- *"La dulzura en el hablar, en el obrar y reprender lo gana todo y a todos"*. (Don Bosco).

30
EL COJÍN DEL ALMA GRANDE

Valor y actitud para la FI: "El alma grande conecta con el amor de Dios; produce el balance entre lo humano y lo divino".

"El alma grande se derrama en agradecimientos a la divinidad de Dios omnipotente por su misericordia hacia nosotros."
NB

Hay almas grandes, almas de luz, almas superiores que han venido al mundo a enseñarnos a vivir mejor; sin quejas, sin reclamos, sin resentimientos, sin amarguras, dejándonos un mensaje claro que ilumina nuestro camino y nos ayuda a entender que no somos quienes para cuestionar a Dios, que debemos vivir contentos con los dones y talentos que Él nos ha dado y con las condiciones y situaciones que se presenten.

El alma grande, comulga con la naturaleza y se ve reflejada en cada flor, en cada planta, en cada pájaro, animal o pez; en cada gota de rocío, en cada riachuelo que alegre se desliza a formar los anchos ríos que vierten sus aguas en los mares y océanos. El alma grande:
- Como las nubes se llenan y luego se derraman en agua, fuente de la vida.

- Es receptora y conductora de amor y de abundancia.
- Es canal de luz, que alumbra la oscuridad del día.
- Es guerrera, luchadora incansable por el bien de todos.
- Sutura las heridas que va dejando cada instante de la vida.
- Trata de ver las cosas desde otra perspectiva.
- Con un rayo de luz ve las profundidades del mas oscuro abismo.
- Saca por los ojos la alegría del corazón.
- Vive la humildad que nos hace grande.
- Escucha, habla con Dios y lo proyecta en los detalles.
- Hace de lo ordinario algo extraordinario.
- Es hoy mejor que ayer.
- Ama, se deja amar y deja ser.
- Dice las palabras justas en el momento adecuado.
- Sirve a los otros porque en ellos ve a Dios.
- Se alegra y hace que todos los que le rodean se alegren con ella.

En fin, el alma grande no solo sueña en grande, sino que vive en grande, es creadora de su propia realidad, se siente acompañada aun en la soledad, esperando solo el bien, confiada en las posibilidades infinitas.

El alma grande se conecta con todos, porque nada humano le es ajeno; porque los momentos de oscuridad le ayudan a ver la luz; porque se identifica con los otros y con cada uno de ellos; porque para sacar el dolor asume el amor, fuerza mágica, esencia de nuestro ser que crece y se agiganta al proyectarlo a los demás; porque se conecta con el amor de Dios, que produce el balance entre lo humano y lo divino, entre lo que pensamos y sentimos, entre lo que hay dentro y lo de afuera, entre lo que deseamos y lo que tenemos; porque sabe que Dios lo llena todo y provee abundantemente consuelo, paz, armonía y prosperidad.

Una experiencia que me deja la certeza del alma grande, fue la de mi llegada a la funeraria, al velatorio de una compañera: cuando llegué al salón donde se rendía el adiós al cuerpo de la compañera, noté que no conocía al 98% de las personas congregadas allí, sin embargo nada me fue ajeno, pues teníamos en común el dolor, que como el amor une y entrelaza al alma humana y entre cantos y palabras me sentí parte de ellos y como ellos, levante mi alma hacia el Señor en común plegaria para que Él la acogiera en su Santo Seno. En el alma grande cabe el mundo y el alma grande se acomoda al mundo entero.

El alma grande es el alma que sobrevivirá hoy, es el alma de este siglo que es todo, espiritualidad, intuición, sentimientos y emociones, es el momento de la unidad y si queremos ser sabios y permanecer unidos tenemos que dejar ir lo que nos perturba y acuñar la frase de Paulo Coelho: *"en el alma del hombre está el alma del mundo, el silencio de la sabiduría"*. En el alma grande caben todas las posibilidades, está consciente de que es el reflejo del amor de Dios y por tanto, es el templo desde donde se prodiga amor a todos los demás, en ella cabe el universo; *"el universo es a un tiempo lo suficientemente gigantesco para envolvernos y lo bastante pequeño para caber en nuestro corazón"*, por eso el alma grande :

- Evita apropiarse de las negatividades.
- Suelta amarras y ataduras que la mantienen anclada.
- Rechaza todo lo que la limita.
- Libera cargas, que como fardos pesados nos aplas-

tan.
- Se desentiende de creencias falsas.
- Se integra a la acción del amor, la generosidad y la solidaridad con el bien común.
- Vincula el cuerpo físico con el espiritual y emocional, para proyectarse a los demás en forma equilibrada.
- Estructura el amor, la pasión y el compromiso en una cadena de unión que agiganta el alma humana.
- Es humilde en el triunfo y grande en la derrota.
- Asume la perseverancia como la virtud de los fuertes.
- Coloca a Dios en su agenda cotidiana.
- Asume a María como su conexión con la tierra.
- Es creadora de amaneceres.

El alma grande se deja ir con la corriente, no siempre va al volante, pues a veces prefiere el asiento trasero para ver la otra perspectiva. Por todo esto el alma grande:

- No quiere ser la victima, pero tampoco la victimaria.
- No quiere ser protagonista, pero tampoco antagonista.
- No quiere ser cazador, pero tampoco la presa.
- No quiere ser persecutora, pero tampoco perseguida.
- No quiere ser enredadora, pero tampoco enredada.
- No quiere ser crema, pero tampoco nata.

El alma grande espera su ola y cuando la atrapa va directo a la cresta; sabe que no hay respuesta fácil, pero busca con ahínco la respuesta. Así como el amor es la luz del hombre, la comprensión es la luz del alma grande, es la luz del hombre bueno. Así como pasamos la vida levantando muros para no dejarnos ver tal y como somos, el alma grande derriba esos muros para ver a otros y dejarse ver tal cual es.

El alma grande sabe ver el falso techo que deja ver el cielo a través de sus agujeros, y lo destapa para ver completo el cielo. El alma grande no muere nunca, sabe que de la oscuridad sale la luz y que de la espina nace la rosa. El alma grande es como las nubes que recoge para verter, mantiene el equilibrio entre su naturaleza humana y su naturaleza divina, es un manantial inagotable de amor que se derrama hacia los demás, haciendo que el mundo sea mejor.

El alma grande se derrama en agradecimientos a la divinidad de Dios omnipotente por su misericordia hacia nosotros. *"Las almas grandes siempre están dispuestas a hacer una virtud de una desgracia".* (Honoré de Balzac).

El alma grande eres tú, soy yo, somos todos, cuando entendemos el sentido de la vida y contribuimos para mantener la grandeza del universo, manifiesto en las ideas, las cosas, las personas y Dios.

31
EL COJÍN DE LA LLAVE

Valor y actitud para la FI: "Las llaves representan apertura mental, de conocimiento, de alma y espíritu".
"Al usar la llave de la gracia me hago receptora de uno de los dones mas excelso que recibimos de Dios".
NB

En un periódico local leí, con mucho interés, que el nuevo abecedario de la Lengua Española ha suprimido del alfabeto español las letras ch y ll, lo que me hizo pensar ¿Será que leeremos lave por llave? Lo que no será así, pues se seguirán usando al igual que la rr y qu, las cuales son letras compuestas y no independientes como las demás 27 letras del abecedario. Sin ahondar mucho en el análisis semántico de las palabras llave y lave, para mi planteamiento resulta muy interesante pues percibir la llave como la que permite abrir el espíritu para que lave las heridas y el dolor que ellas causan, el resentimiento y la ira que lo provoca, el miedo y el temor que intimida y paraliza nuestras capacidades de seguir hacia adelante, la llave nos da el acceso a esos pasajes íntimos de nuestra alma y espíritu.

La llave permite abrir el conocimiento, para generar nuevos aprendizajes a través de la curiosidad, la reflexión y los entornos personales. Las llaves representan seguridad, pero a la vez apertura de oportunidades, apertura mental, de conciencia, de alma y de espíritu.

La llave permite abrir esos espacios cerrados, para dar paso a nuevas energías y con ellas ambientar el alma con ambientadores de esperanza, de abundancia, de riquezas y armonía. La llave nos sirve para abrir el closet del alma y así sacar y lavar las inconclusiones, las animosidades, las negatividades ancladas, las cosas estancadas a fin de que entren cosas nuevas y renovadas.

La llave nos ayuda a abrir y lavar las cloacas de emociones negativas que perturban y cohíben nuestras posibilidades de avanzar, haciendo de esta práctica un hábito de vida.

Usemos el cojín de la llave para abrirnos a:
- Nuestro mayor bien.
- La toma de conciencia de que lo que poseo y deseo no va en detrimento de otros.
- Adquirir la voluntad y la fuerza para neutralizar los saboteadores.
- Superar las cosas que nos limitan.
- Ser imparciales administrando bien la justicia.
- Eliminar el juicio y la condena aprioris.
- Buscar nuestro propio maestro interior.
- Concienciar en torno a la responsabilidad con respecto a mi vida espiritual.
- Potenciar la capacidad de amar para dejar paso a la prosperidad.
- Abrir el camino para la plenitud y la felicidad.
- Disfrutar de las cosas sencillas que es la llave a la fe-

licidad.
- Hacer afirmaciones positivas y optimistas que ayuden a construir un mejor día.

La llave que nos abre al cambio la usamos para abrir nuevos comienzos, que si bien es cierto que *"no podemos cambiar de un día para el otro, si podemos tomar la decisión de cambiar de un día para el otro"*, solo tenemos que tomar la llave de la decisión y como esta llave está relacionada íntimamente con la llave de la intención, con la disposición y con la dinámica del cambio, (que es constante, como constante es que lo único que no cambia, es el cambio), el cambio se hace posible. Al usar la llave apropiada cambia mi vida, tengo un nuevo renacer y hay un resurgir en las diferentes dimensiones de la vida, del ser.

Al usar **la llave de la luz,** podemos ver la verdad desde nuestro interior, liberarnos de ataduras, de mentiras, de falsos y de engaños; para que salgamos de la oscuridad del pantano y podamos nacer sanos y hermosos como la flor de Loto. La llave de la luz, nos ayuda a quitarnos la máscaras y a descubrirnos tal y como somos, a quitarnos los sentimientos de culpa, y a usar el sentido común para florecer y prosperar.

Al usar **la llave de los sueños,** nos abrimos al logro de los mismos creando buenos propósitos, enfrentando y anulando las barreras que obstaculizan su logro a prepararnos para su disfrute.

Al usar **la llave de las palabras,** a través de afirmaciones positivas, hablamos en primera persona y en presente, se abren las puertas para pasar a ser seres humanos sanos y optimistas. Las palabras tienen poder, por tanto no es sano decir, afirmar o decretar cosas negativas, en tal sentido, pongamos candado y botemos la llave de palabras como: debí haber…, trato de…, quizás…, sabemos que la lengua no tiene frenos, pero nuestra mente si la tiene, por tanto es bueno meditar cognitivamente cada palabra que sale de nuestra boca para que se convierta en la llave comunicacional de lo que tiene que decirse en el momento apropiado y en la medida justa.

Al usar **la llave del perdón,** se hace magia pues perdonar nos libera de culpas y nos ayuda a entender las culpas de otros, comprender el alcance de la culpabilidad, y nos hace ver claro que se es culpable por omisión, por equivocación, por olvido o por maldad; en cualquiera de los casos, es conveniente tener una actitud, de tregua, y luego de aprendizaje, para conocer las estrategias de ataque, y si descubrimos que estamos frente a una persona dañina, alejarnos para no contaminarnos. Perdonar se convierte en la llave que abre el amor a partir de tres pasos claves: *"te acepto, te comprendo y te perdono"*.

Al usar **la llave de la gracia,** me hago receptora de uno de los dones más excelso que recibimos de Dios, vehículo de las bendiciones, de la protección y de la misericordia divina, llave de la prosperidad y del gran tesoro de la vida; llave de la abundancia que es nuestro pasaporte al bien mayor que se obtiene a partir de la compasión, la comprensión, el amor, la salud y el dinero.

Llaves que ayudan al desarrollo espiritual:

Oración de San Francisco de Asís: esta oración posee tres llaves claves: la serenidad, para aceptar las cosas que no puedo cambiar; el coraje, para cambiar lo que sí puedo; y la sabiduría para entender la diferencia entre el bien y el mal.

La interioridad del ser según San Agustín: conocerse a sí mismo es el viaje a nuestro interior, es el viaje de la mente al corazón, con la ayuda del maestro interior que habita en cada uno de nosotros y que se logra a través de: **la verdad;** cuyos valores prácticos son la sinceridad, la sencillez, la transparencia y la veracidad; **la libertad**, la selección del bien mayor a través del amor. **El amor,** *"dinamismo de la voluntad"* y *"centro de la gravedad del Ser".*

Los frutos del espíritu; según la guía de la Beata Madre Teresa de Calcuta, las llaves para accesar a estos frutos son: el **silencio** que produce **oración**, la **oración** que produce **fe**, la **fe** que produce **amor**, el **amor** que produce **servicio** y **servicio** que produce la **paz**.

La oración del Padre Nuestro; la oración que nos enseñó Jesús es la llave para la salvación, es la llave del reino, que nos convoca a amar a Dios sobre todas las cosas y a invocar su santo nombre, a hacer su voluntad, a pedir su intercepción por nosotros, a la vez nos insta a la obediencia a sus mandatos, a mostrar arrepentimiento, confesar y pedir perdón por nuestras faltas como muestra del compromiso del cristiano de *"amar a Dios sobre todas las cosas y amar al prójimo como a ti mismo"*

Llaves que abren espacios especiales y que nos aseguran según S.S Papa Francisco: *"Tener un lugar donde ir, el hogar; a tener personas a quienes amar, familia; y tener ambas bendiciones"* para lograr todo esto proponemos:

- Llave del corazón, para abrirnos al amor.
- Llave del amor, para abrirnos al perdón.
- Llave de la mente, para abrirnos a la sabiduría.
- Llave de la fe, para vivir con confianza.

- Llave del liderazgo, para poder servir.
- Llave de las competencias, para poder desarrollar los talentos.
- Llave de la luz, para poder ver la verdad.
- Llave de los talentos, para descubrir los dones.
- Llave de la información, para llegar al conocimiento.
- Llave del dinero, para el buen uso que hacemos de el.
- Llave de la alegría, para la mayor satisfacción del ser humano.

32
EL COJÍN DE LA ESPERA

Valor y actitud para la FI: "Esperar es cuestión de amor, pues quien ama confía y vive con la certeza del amor de Dios". "Resistir en esta confianza y en esta espera es de gran sabiduría, pues lo que resiste persiste".
NB

Aunque vivimos la cotidianidad, lo cierto es, que la vivimos esperando que el siguiente minuto sea el momento del milagro, momento en el que suceda lo inesperado, pero que hemos añorado por años, así como dejamos ir tenemos que dejar llegar las cosas a nuestras vidas, aunque como dice el dicho *"la espera desespera",* pero en el no dejarse provocar por la desesperación, está la clave del éxito; y la mayor muestra de sabiduría, está en esperar con fe y confianza en Dios.

Vivir *"el aquí y el ahora"* nos prepara para la espera, porque hacer lo que hay que hacer con la mayor alegría y con la mejor actitud convierte la espera en una posibilidad alcanzable. Ya lo dijo Thomás Chalmers, *"la dicha de la vida consiste en tener siempre algo que hacer, alguien a quien amar y alguna cosa que esperar";* la espera ayuda al ser humano a tener paciencia, a cultivar la fe y la esperanza, a tener sueños, a vivir utopías, a confiar en el futuro y esperar una mejor vida.

Esperar es una cuestión de amor, pues quien ama confía y vive con la certeza del amor de Dios, persistir en esta confianza y esta espera es de gran sabiduría, pues *"lo que resiste persiste"*.

Al elegir pensamientos de bien, espero confiadamente el bien y el bien se hace presente, al estar receptivo al bien en *"el tiempo de Dios, que es perfecto"*, se adquiere la calma y la tranquilidad que da la confianza en el Creador. Para esperar hay que tener:

- Voluntad y resistencia.
- Aceptar con entereza lo que viene.
- Tener sueños y anhelos logrables.
- Luchar por aquello que se quiere.
- No dudar que tendría éxito.
- Esperar menos de la vida y de las personas.
- Constancia y perseverancia.
- Entusiasmo para hacer lo que hay que hacer.
- Continuidad de propósito.
- Cumplir con los compromisos personales, familiares y generales.
- Usar el sentido común.

El nuevo paradigma que está viviendo la humanidad en la sociedad post- moderna ha contribuido a imbuirnos en el inmediatismo, el relativismo y el nihilismo, preceptos que no nos permiten darnos tiempo para soñar, para vivir las utopías; estamos viviendo desde el miedo, la inseguridad y la falta de fe, desde la vaciedad del alma y del espíritu. Queremos que las cosas sucedan ahora, aquí, al instante, pues tenemos miedo a que no ocurran nunca o de que aparezca un boicoteador y termine con todo. La espera, es el tiempo de maduración de las cosas, es tiempo de envejecimiento y por tanto de poder descorchar el mejor vino.

Cuando espero, acojo toda posibilidad de tener aquello que espero. Cuando atravesamos tiempos adversos, nos hemos cansado de esperar, sentimos que nuestras vidas no tienen sentido y el agotamiento nos vence, es tiempo de *"darle una oportunidad a la esperanza", "poner en agenda la fe".*

A veces nos sentimos desfallecer en el camino de la espera, sentimos que no vale la pena esperar por aquello que no ha de venir, nos llenamos de incertidumbre y el porvenir se torna vago e impreciso, es entonces cuando necesitamos de nuestra mayor fuerza, para no dejarnos derrumbar y hacer que las tensiones y frustraciones se conviertan en satisfacciones y alegrías, porque la espera se puede hacer desde las mejores y no tan mejores posiciones, por ejemplo:

- **Desde el vacío**, cuando no sé lo que espero o cuando lo que espero es impreciso, incierto y por tanto me mantiene insatisfecho.
- **Desde la soledad**, que significa la edad del sol, sin embargo, vemos que el sol sale radiante cada día, cuando nos sentimos solos se espera compañía, se espera ser parte de la gente y se espera la compañía interior, se espera la sabiduría de la vejes del sol.
- **Desde los sueños,** la mayor inquietud del ser humano es ver los sueños realizados, por tanto se espera lograrlos, venciendo los obstáculos y cuidando los detalles para alcanzarlos.
- **Desde la necesidad**, se espera satisfacer las nece-

sidades desde una actitud de búsqueda de solución, donde otros ven amenazas, ver oportunidades, ver opciones donde otros no las ven.
- **Desde la verdad**, haciendo conciencia de mis limitaciones, para no esperar más de lo que mis potencialidades producen y tampoco menos de lo que soy capaz de poder lograr; *"porque el que se proclama juez basado en la mentira, se convierte en reo de su propio enredo".*
- **Desde la voluntad**, saber lo que se quiere y quererlo de verdad, aceptando lo que nos toca pero buscando lo que queremos sin dudar, pues *"el que duda se traiciona así mismo"*, recordar que la vida tiene muchas formas de poner a prueba la voluntad de una persona, *"haciendo que no pase nada, o haciendo que todo pase".*
- **Desde el fracaso**, *"el fracaso fortifica a los fuertes"*, el fracaso sacude y hace brotar el bien que muchas veces se esconde haciéndonos ver la oscuridad en vez de la luz, esperar desdes el fracaso nos recuerda, que *"aquello que no nos mata nos fortalece"* y que *"el mayor éxito está en ir de fracaso en fracaso sin perder el entusiasmo".* (W. Churchill).
- **Desde la pérdida**, pues muchas veces *"tenemos que perder para ganar".* Cuando experimentamos alguna pérdida nos preparamos para un nuevo comienzo y para ver que hay otra persona o cosa en su lugar.
- **Desde el miedo,** *"nadie llegó a la cumbre acompañado por el miedo"*, no debemos dejarnos vencer por el miedo, porque *"mientras más profundo nos dejamos bajar, más difícil será el ascenso".* El miedo abate y paraliza, estanca e inmoviliza, hay que sacudirse del miedo. Vivir con miedo es vivir desde el no puedo, desde la limitación y desde la pobreza. La espera desde la energía del miedo a veces es positiva porque nos alerta, pero es

uno de los obstáculos más grandes que tenemos para triunfar.

- **Desde la debilidad**, esperar desde la debilidad nos torna vulnerables y en amenaza; pero si convierto la debilidad en fortaleza se abren nuevas oportunidades, hagamos el esfuerzo de cambiar las debilidades, pues *"donde termina el esfuerzo empieza el fracaso"*.
- **Desde la acción**, muchas veces nos quedamos en la espera de que algo ocurra, pero no desarrollamos una estrategia de acción en pos de que lo que esperamos suceda y nos desgastamos en el camino, por tanto, vamos a *"crear formas proactivas para que aquello que deseo sea"*.
- **Desde la esperanza en Dios**, *"porque el señor es fiel a su palabra, bondadoso en sus acciones"* (Salmo 144), las palabras de este salmo nos ayudan a luchar contra la desolación, que es la muerte de la esperanza. Esa esperanza nos da la seguridad de que, *"el Señor sostiene a los que van a caer, endereza a los que ya se doblan"*. (Salmo 144).
- **Desde la convicción de que Dios provee,** afianzar es la certeza de esperar y recibir; desde las afirmaciones de Jesús, *"pide y se te dará"* o desde el dicho popular, *"toca puertas y se abrirán"*; en cualquiera de los casos, estamos confiados en la protección divina y la espera se hace más llevadera.
- **Desde la certeza y la misericordia divina**, espero confiado/a porque *"El Señor es clemente y misericordioso, lento a la cólera y rico en piedad"*. (Salmo 144). Porque espero y no me desespero, confío en ti Señor.
- **Desde la reconciliación conmigo mismo**, para esperar desde la reconciliación personal tengo que desnudar el alma y no usar la mentira disfrazada de

verdad; *"manejar el mundo interno para mejorar el mundo exterior".*
- **Desde la fuente divina**, se espera con fe, con confianza y con la certeza de que Dios nos ha creado para la plenitud y que por tanto, aquello que nos falta habrá de llegar.

Esperar desde el aprendizaje, en la búsqueda del equilibrio entre lo material y lo espiritual, hace que aprender a esperar se constituya en una herramienta valiosa para vivir más armónicamente con el entorno. Aprender a esperar tiene su recompensa, pues en el tiempo perfecto de Dios, todo tiene su hora y su momento, por tanto, *"aprender a disfrutar lo que tenemos en vez de añorar lo que no tenemos",* es de sabio.

La vida es un festival de intereses en el cual todos tenemos la vista puesta en aquello que queremos; todos esperamos la oportunidad de quedarnos con parte del botín, quedarme con el botín o no, depende de toma de posiciones y de decisiones que marcan los diferentes momentos *"haciendo que algo ocurra o que no ocurra nada".* La espera muy larga produce impaciencia, que se traduce en ansiedad, en preocupación, en prisa, abrumación, limitación, inquietud y desconcierto; pero con la ayuda de Dios, entro en calma, quietud, serenidad, sosiego y paz.

Por mi confianza en Dios estoy a la espera de que:
- Esas flores mustias se conviertan en lozanos y fragantes botones.
- Todo lo que he aprendido se convierta en la alfombra que acoja y amortigüe mis pasos.
- Las musas que a veces me visitan se conviertan en inspiración divina para que lo que hago, digo y pienso sea para mi provecho espiritual y para el desarrollo de mi inteligencia emocional.

III. TERCERA PARTE

33
EL COJÍN DEL RENACIMIENTO

Valor y actitud para la FI: "Me permito renovarme en cada tropiezo, caída o dificultad".
"Para renacer es necesario; definir lo posible y tomar acciones en pos de esa posibilidad".

Así como en el otoño, celebramos un nuevo ciclo que llamamos adviento, tiempo de espera y de preparación, para recibir la llegada de nuestro Señor Jesucristo; es tiempo de vigilia, de esperanza, de estar alerta, de estar confiados en que llegará algo mejor, algo bueno que se dará siempre y cuando seamos capaces de limpiar nuestros corazones, permitir que Dios se exprese en nosotros a través de pensamientos, palabras y acciones positivas. Para renacer, es necesario definir lo posible, tomar acciones en pos de esa posibilidad y no dejar que los fantasmas y las preocupaciones consuman nuestra energía; darse la oportunidad de una nueva vida con entusiasmo y motivación…

Como ente biológico que nace, crece, se desarrolla y muere, me permito renovarme en cada tropiezo, en cada caída, en cada dificultad, con cada prueba, con cada obstáculo, pues las cosas que nos suceden son pasajeras y muchas veces involucran pérdidas materiales, por tanto, hay que recordar que, *"la vida es más que la comida, y el cuerpo más que el vestido".* (Lucas 12:23).

Aunque a veces malgastamos la vida sin poder lograr los sueños, conduciéndonos en forma errada o planificando el próximo arribo, sin tener presente que el tiempo de Dios es perfecto y que solo necesitamos estar alerta para atraparlo, pues la vida no se gasta hasta que nos vamos.

Cuando sientes que tu alma bulle cual agua hirviente; que tu corazón late cual caballo desbocado; que en vez de sangre corre fuego por tus venas; que tus heridas te muerden; que sientes que eres nadie; que eres menos que nadie; que eres un bueno para nada; que mueres porque no inspiras a nadie; llegó la hora de empezar a construir una auto-imagen positiva de tí; llegó la hora de saber que como hijos de Dios que somos, eres importante, porque Dios no hace disparates, porque Dios nos ha hecho criaturas inteligentes, sanas y prósperas; porque Dios nos ha hecho con una misión de vida que nos toca descubrir; porque Dios no te ha elevado para luego dejarte caer, Él jamás quiere mal para sus criaturas; porque Dios nos pide que seamos *"mansos y humildes de corazón",* que seamos dóciles, compasivos y misericordiosos como lo ha sido Él al crearnos.

Somos lo que queremos ser, por tanto, es hora de dejar de angustiarnos, de flagelarnos, de sentirnos fracasados, quejumbrosos y trágicos, de sentirnos vacíos y sin méritos. Es hora de *"saber que herimos con nuestras heridas",* que llegó la hora de volver a empezar, de ser lo que tenemos que ser, en fin es hora de volver a nacer.

34
EL COJÍN DEL PODER

Valor y actitud para la FI: "La vida se desarrolla en una relación de poder, le damos poder en forma constante a nuestros pensamientos, palabras y acciones, lo que nos da poder sobre nosotros mismos".
NB

Max Weber define el poder, según una reproducción de James Hunter en su libro, La Paradoja como *"la capacidad de forzar o coaccionar a alguien para que éste... haga tu voluntad debido a tu posición o tu fuerza"*, someter a alguien de acuerdo a la voluntad del capricho personal, es la forma impositiva del poder, es el poder del que se impone; sin embargo, sabemos que el poder que construye y que predispone al bien es el poder que sacude al mundo y que se refleja en la siguiente frase: *"cuando el bien se esconde basta una buena sacudida para que vuelva"*, en nosotros yacen el valor, la fuerza, la creatividad y la sabiduría divina, que son el mayor poder con que cuenta el ser humano.

La vida se desarrolla en una relación de poder, le damos poder en forma constante a nuestros pensamientos, palabras y acciones lo que nos da poder sobre nosotros mismos, por ejemplo:

- El poder del silencio.
- El poder de la intención.
- El poder de las plegarias.
- El poder de la palabra.
- El poder de la actitud.
- El poder de la verdad.
- El poder de la fe.
- El poder de los sueños.
- El poder del perdón.

El poder en mí, es esa fuerza interior que me impulsa a actuar y a luchar en forma libre y espontánea, a fluir en pos del bien, a sembrar y a cosechar, a realizar nuevas alianzas y crear nuevos acuerdos, a vivir de realidades o de sueños, aunque a veces *"la realidad es tan dura que quisiéramos que fueran pesadillas"*.

El ser humano tiene el poder, a través de sus dones y talentos, de construir su vida; de integrar experiencias, afectos y situaciones para cocrear una nueva vida; poder que dejamos fluir, cuando *"permite que la vida tenga dignidad y sentido para ti"*; cuando logremos el poder en las relaciones con los demás, que se manifiesta a partir de:

- El poder de la seducción.
- El poder de la comprensión.
- El poder de la compasión.
- El poder de la bondad.
- El poder de la consideración.
- El poder del reconocimiento.
- El poder del compartir.
- El poder de la unión.

- El poder del respeto.
- El poder del amor.
- El poder de la verdad.
- El poder de convencimiento.

Los seres humanos tenemos poder, pero ese poder no es nuestro, ni tampoco lo manejamos adecuadamente, es ahí donde tenemos que dar participación al único dueño y Señor del poder, Dios; a quien tenemos que agradecer y bendecir para que nos ayude a usar bien el poder, sin perder de vista esta gran verdad y recordando una oración simple, pero que encierra una gran verdad, cito por segunda vez en este libro, del libro Historia de un Compromiso:

*"Unos tienen y no pueden,
otros pueden y no tienen.
Nosotros que tenemos y podemos,
te damos gracias Señor".*

La palabra poder, en el buen sentido, es una palabra que encierra potencial, fuerza, disposición, posibilidad, compromiso, decisión y valor; cuando tenemos miedo perdemos esta fuerza y nos hacemos vulnerables, pues *"el temor es la falta de convicción de poder"*. Por tanto, da poder estar convencidos de que tenemos el valor y la fuerza para experimentar el poder interior, que posibilita el desarrollo de nuestros talentos y dones y que ese potencial puedo encausarlo hacia el logro de mi mayor bien.

El poder como fuerza que apasiona es la palanca que guía nuestro accionar y que aviva la chispa del emprendurismo, que nos lleva a creer y afirmar que puedo:
- Sentir el amor divino.

- Ver la verdad en otros.
- Ver con claridad la luz que se esconde en las tinieblas.
- Ver avances y progresos en el vecino.
- Aprovechar oportunidades.
- Condicionar mis fuerzas a mi mayor bien.
- Crear condiciones positivas y edificantes.
- Soltar pensamientos negativos.
- Desarrollar mi poder creativo.
- Confiar en el poder de Dios en mí.
- Utilizar mi poder de discernimiento y de autoridad para crear el bien.
- Utilizar el poder del amor para neutralizar lo que no es amor.
- Dejar a Dios el poder de actuar por mí.

El mayor poder lo tenemos, cuando asumimos una filosofía de vida basada en la inteligencia espiritual, como seres espirituales que somos, cuando ejercemos el poder del espíritu, adquirimos una fuerza tal que nos permite neutralizar a los saboteadores, superar nuestras limitaciones, enfrentar traumas y frustraciones, eliminar la crítica malsana y convertirnos en seres catalizadores del bien mayor, que según S. Agustín, *"es el bien de la suprema libertad."*

El poder que cedemos a otros no es nuestro, es una transferencia del poder divino, del poder que nos ha otorgado Dios, del cual somos responsables y por el que debemos agradecer a Dios y el que no podemos traspasar a otros. Al elaborar este cojín del poder, les recuerdo que, nada como el poder del cojín:

- Para acomodar tu vida.
- Para sostener tu mundo.

- Para fortalecer tu fe.
- Para el descanso de la faena diaria.
- Para acoger el amor.
- Para dar apoyo a las relaciones personales.
- Para acolchonar la caída.
- Para sentirnos abrigados y protegidos.

Cuando conjugamos el verbo poder en los diferentes tiempos pero en negativo, el poder creador que Dios nos otorga se debilita, el valor se convierte en miedo, la fuerza en debilidad, la decisión en indecisiones; nos convertimos en elefantitos que por estar atados a pesadas cadenas, que al querer zafarse les produce dolor, hasta gravar en sus cerebros que no pueden, hasta que llegan a aceptar que no pueden, actitud que se manifiesta en las siguientes afirmaciones:

- Nunca podré
- No podrá pero...
- No puedo
- Nadie puede
- Puedo pero...
- Aunque no pueda

El poder, desde la oportunidad es la decisión consciente y la posibilidad que se expresa en la parábola del águila, criada como pollo, se encuentra con un naturalista que le hace ver su naturaleza y el poder de su alma de aguilucho, ver la oportunidad del poder de volar y encumbrarse triunfante al cielo, vencer sus miedos y decidirse a favor de sus verdaderas posibilidades, cuando asumimos ese poder como el águila podemos afirmar:

- He podido, ustedes pueden.

- Puedo ser un canal de luz.
- Puedo lograr hacer una mejor vida.
- Puedo ser mejor persona.
- Puedo amar y dejarme amar.
- Puedo llegar, aunque el camino sea pesado.
- Podré volar con mis propias alas.
- Podemos llegar, pues la meta es ancha.
- Puedo sentir que vale la pena vivir.
- Puedo empezar de nuevo.
- Tu puedes, yo puedo, nosotros podemos.
- Puedo alcanzar mis metas.
- Puedo descubrir mi verdadera escencia.

El poder es también vocación, disposición y libertad de acción que a veces se manifiesta en el empujón que damos a una puerta cerrada para abrirla, es esa fe que mueve la voluntad y nos hace ser persistentes para lograr el bien, es soltar las muletas que nos mantienen rezagados y que no nos dejan avanzar, es dejar a Dios actuar. *"No podemos evitar que las aves vuelen sobre nuestras cabezas, lo que si podemos evitar es que aniden en ella"* (Martín Lutero); la disposición es nuestra.

Dios nos guarda y bendice de modo que *"solo recibimos de Dios las cargas que podemos cargar"*. Si interpretamos adecuadamente las señales y demostraciones que nos da el universo, prueba de que no estamos solos porque contamos con la compañía de Dios, adquirimos el poder de: menguar nuestras preocupaciones; sosegar nuestra alma; apaciguar nuestro espíritu; entrar en armonía con nuestro entorno físico y espiritual; aquietar nuestro espíritu y disfrutar la presencia divina con los ojos del día y las orejas de la noche.

35
EL COJÍN DE LA BREGA

Valor y actitud para la FI: "Que la brega no te canse, deja a Dios actuar y te llega un resultado divino".

"La brega es esa fuerza que nos empuja a usar las energías para empoderarnos de las situaciones de las cosas y aprovechar las oportunidades."

N.B

La brega como la lucha, son vocablos que utilizamos para referirnos a una situación o actitud de tomar acción, de involucrarnos, de ser parte, de estar activo en los afanes para lograr los propósitos, potencializar los dones, capacidades y talentos; para desarrollar nuestras potencialidades. La brega es estar conectados con las actividades del día a día, actuar en función de lo que nos proponemos y enfrentar y vencer las dudas y los miedos.

La vida es una constante brega y para salir airosos de los avatares con que nos enfrenta, tenemos que recordar que, *"cuando la adversidad se hace presente en tu vida, dale una tregua pero jamás claudiques".*

¿Para qué la brega?:

- Bregamos, para mantener el control.
- Bregamos, para que el viento sople en nuestra dirección.
- Bregamos, para que la balanza se incline a nuestro favor.
- Bregamos, para que en la aridez de nuestro jardín nazcan hermosas flores.
- Bregamos, para que el sol caliente nuestros inviernos.
- Bregamos, para mantenernos a flote en la corriente que nos arrastra.
- Bregamos, para ser dueños de la situación en momentos de conflictos.
- Bregamos, para sobrevivir y sobreponernos.
- Bregamos, para asumir una posición.
- Bregamos, para obtener lo que merecemos.
- Bregamos, para que reconozcan nuestras luchas y para lograr las metas.

Vivimos en una brega continua por lograr los sueños y propósitos, por realizar las cosas simples de la vida, que son las que conforman nuestro día a día, la brega es una herramienta de lucha positiva cuando dejamos de lado: las dudas, la soberbia, la indiferencia, las escusas, la falta de disciplina, el miedo al fracaso, la fatiga, las querellas, las culpas y los diques que frenan nuestras ganas de seguir.

Los diques que nos frenan:

- **La duda,** que es un gusanillo que perturba la fluidez en el actuar, que frena nuestra capacidad de lucha, que nos paraliza y no nos deja avanzar, que denota poca fe y falta de confianza en nosotros mismos y en Dios, por lo que, *"debemos creer en algo que sea más* *grande que nuestras dudas"* ya que *"el que duda se traiciona así mismo".*

- **La soberbia,** que no nos permite estar abiertos a recibir y conocer la sabiduría de la experiencia.
- **La falta de disciplina,** que nos lleva a olvidar que *"lo bueno cuesta",* que *"el que madruga Dios lo ayuda",* y que no es bueno *"dejar para mañana lo que puedas hacer hoy".*
- **La excusa,** que vivimos poniendo y poniéndonos a nosotros mismos, postergando nuestra disposición a lograr las cosas, olvidando que nada es fruto de la casualidad y que todo es consecuencia de lo que hago *"ley de causa y efecto",* olvidando que *"sin esfuerzo no hay ganancia"* y que la vida devuelve más de lo que damos.
- **El fracaso,** son las dificultades y caidas que nos hacen fracasar o tener una mala experiencia, las cuales debemos aprovechar, pues las experiencias fortalecen y nos ayudan a seguir.
- **La culpa,** la llevamos de generación en generación y pueden ser por omisión o por equivocación, pues consciente o inconscientemente, el que se cree culpable cree que merece un castigo, creencia que genera miedos, que debemos resolver limpiando las culpas y cambiando los esquemas.

La brega cotidiana, es producto de las luchas y afanes por lograr los sueños, es ese chip que lleva a actuar para mejorar nuestra vida, buscar las respuestas con entusiasmo, con pasión, con alegría, con amor y entrega. La brega es esa fuerza que nos empuja a usar las energías para empoderarnos de las situaciones, tomar decisiones, hacer las cosas y aprovechar las oportunidades.

Dios nos ha creado con el conocimiento, los dones y las sabidurías necesarias para que en los afanes diarios seamos creadores de bien, creadores de vida, para que con la dedicación y entrega que pongamos a la brega diaria constituirnos en *"artesanos de nuestro destino".*

La brega, son las acciones que emanan de la fuerza interna que nos anima a dar lo mejor de nosotros mismos, que nos impulsa a sacar nuestro yo interno y encaminarnos hacia el emprender nuevos caminos, para abrir puertas cerradas, para hacernos libres.

¿Qué me lleva a la brega?
- El sentimiento de escases, dentro de la abundancia.
- La gélida situación de mis espacios a pleno sol.
- El no saber qué hacer, a pesar de la oportunidad.
- El no saber que decir, a pesar de un mundo de posibilidades.
- El sentirnos solos, cuando estamos rodeados de gente.
- El sentirnos vacíos, cuando estamos llenos de cosas materiales.
- El sentirnos insatisfechos, a pesar de nuestros éxitos.
- El sentirnos carente, aún en la abundancia.
- El sentir la tempestad del alma, aún en plena calma.
- El sentir la fuerza que nos lleva a sacar lo bueno de lo malo.

La brega, es la búsqueda de satisfacción en la faena diaria, que a veces solo deja cansancio, agotamiento físico y espiritual, estrés y mal humor; sin embargo, seguimos la lucha sacando fuerzas y energías, coraje y tesón, entrega y disposición para conectarnos en un canal de entusiasmo con el logro de las cosas que deseamos.

La brega, es ese accionar continuo para ser productivo, para conectarnos con las cosas que nos apasionan y luchar para lograrlo, para buscar en el tiempo y en el espacio lo que queremos, para descubrir que hay una fuerza en nosotros mayor que las debilidades, para vencer los enojos, para descubrir los talentos y potencialidades dormidas, para descubrir la magia que nos lleva más allá de la ilusión, para sacar de ese pozo artesiano que es la vida, el agua que calmará nuestra sed y la sed de todos.

En la brega cotidiana ponemos la diferencia entre: mediación y meditación; pensar y actuar; hablar y callar; intuición e instrucción; callar y hacer silencio.

¿Qué produce paz a partir de la brega?

- Escuchar el susurro de la voz de Dios.
- El silbido del Espíritu.
- El silencio de la presencia divina.
- El fluir del paso del tiempo.
- La compañía del trino de un pajarito.
- El toque tierno de la brisa en la piel.
- El sosiego que da ir de la mano de Dios.

A veces nos preguntamos ¿Por qué las cosas que aparentan simples se tornan complejas? ¿Por qué lo que percibo como fácil se complica y se torna tan difícil? ¿Por qué aquello que concibo comprensible a mis sentidos se torna inaccesible? Muchas veces la vida se torna en promesas, y es ahí donde empieza la lucha, donde se requiere de la brega, para que esas promesas se conviertan en realidad y esas realidades en verdad.

La brega propicia el cambio, pero ¿Qué debemos cambias? Aquellas cosas que se pueden cambiar y las que no puedo cambiar, dejar a Dios actuar; porque cuando dejamos a Dios actuar, *"la carga se hace ligera y el corazón se expande"*. Hagamos como hizo Jesús, entreguemos aquellas cosas que no podemos cambiar, a pesar de la brega y de una lucha constante, a nuestro padre Dios. *"Aparta de mí este cáliz, pero no se haga lo que yo quiero, sino lo que quieres tú"*. (Marcos 14:36). La mejor brega, es la que hacemos sin resistir a Dios con la confianza puesta en que Él obrará para nuestro bien.

36
EL COJÍN DE LA FUENTE

Valor y Actitud para la FI: "ir a la fuente es ir al corazón, al núcleo y fundamento de la vida, es ir al verbo, es ir al origen y génesis de la existencia".
N.B

Ir a la fuente, es ir a lo esencial, buscar el sentido de las cosas, es ir al corazón, al núcleo y fundamento de la vida, es ir al verbo, es ir al origen y génesis de la existencia; ir a la fuente, es entender que la vida es siempre posibilidad y oportunidad; ir a la fuente, es vivir sin máscaras, de cara a la verdad; es darse incondicionalmente a los demás, amando sin reparos; es un don que debemos practicar según la siguiente reflexión:

Aprender a amar es cultivar un DON.
Enseñar a amar es enseñar a DAR.
Y tu que eres todo AMOR,
Aprendes y enseñas a amar;
Estimulando así el
DON de DAR AMOR.

Ir a la fuente, es buscar en la luz de la conciencia, que según Confucio, es *"la luz de la inteligencia para distinguir el bien y el mal"*. Ir a la fuente, es ir a la conciencia, disposición energética y norma suprema, fuente de todo bien, de toda moral y de libertad. La conciencia es *"juez de toda convicción"* (J. G. Fichte).

Ir a la fuente, es ir a esos espacios vacíos, a esas pizarras en blanco donde buscamos respuestas a nuestras vidas y que describo en los siguientes versos:

Vacíos
"Buscando un sentido
revuelvo mi alma,
y encuentro una luz,
que apenas se asoma,
diciéndome espera, no corras,
no escondas las manos,
que Dios ha hecho todo
de modo que el hombre
dentro de la nada
pueda sentirse pleno".
fragmento (vacío, NB.)

Ir a la fuente, es ir al hertlanh donde se gesta el poder del estado, es ir al epicentro del espacio y el tiempo donde se engendra la voluntad, donde se genera la fuerza que nos impulsa a buscar y a descubrir lo mejor de nosotros mismos, es buscar y encontrar la plenitud. Ir a la fuente, es hurgar en nuestro yo interno origen de las emociones, donde se disfrutan y sienten las cosas más hermosas de la vida.

Ir a la fuente, es conectar la luz divina que nos ayuda a canalizar las energías del universo con la energía vital fuente de toda vida.

Ir a la fuente, es ir al manantial inagotable de luz, principio y fin de lo creado.

Ir a la fuente, es ir al pozo mágico de los deseos, donde se cumplen los sueños y se realizan las utopías, es ir al epicentro del campo magnético, donde se generan los toroides o tubo-toroidal, modelo de la naturaleza para construir el universo y origen de la vida. En fin, ir a la fuente, es ir al amor fuente inagotable y armonizadora que mora en el corazón de los seres humanos y que es el lenguaje universal, vínculo perfecto entre Dios y la naturaleza. (Colosense 3:14). Ir a la fuente, es hurgar en nuestras raíces para extraer la esencia de lo que hemos vivido, de experiencias y sueños, es probar la dulzura de lo autentico, fundamento y razón de ser, que nos permite:

- Competir con uno mismo.
- Desarrollar la destreza de escuchar.
- Abrirnos a la intuición y al lenguaje del universo.
- Conectarnos con una visión de vida.
- Tender la mano para dar y recibir.
- Aprender a leer el mundo por medio de la fe.
- Lograr la conexión interna.
- Ver la vida como un regalo.
- Buscar la fortaleza para vencer la dificultad.
- Saber que somos uno con la naturaleza.
- Conectarnos con la oración.
- Mandar mensajes de amor.
- Respetar la tierra y sus señales.
- Ir a la fuente inagotable de la imaginación.
- Querer las cosas de verdad y luchar por ellas.

37
EL COJÍN DE LA ALFORJA

Valor y Actitud para la FI: "asumir una actitud de cultivar las dimensiones del ser humano, cuerpo, mente y espíritu para desarrollarte integralmente".

Solemos decir que la vida es un carnaval, si tomamos en cuenta que el carnaval es magia, fantasía, alegría, es un festival de colores, de comparsas, de antifaces y caretas; sin embargo, no todo es tan alegre, la vida es a veces muy dura y muy trabajosa, sobre todo cuando tienes que lidiar con la ingratitud, las frustraciones, el cansancio, el miedo y la indiferencia de quienes están involucrados en tu vida familiar, laboral y relacional; cuando sientes que te han fallado, que te han dado de lado, que no cuentas con personas a las que tú has servido desinteresadamente, con las que tú has sido fiel, a quienes les ha dado lo mejor de ti; es entonces cuando te das cuenta que solo hay dos opciones, cargar tu alforja con ingredientes que te permitan: parar o seguir; sucumbir o sobrevivir; retroceder o avanzar, vencer o morir. Si optamos por retroceder llenamos la alforja con:

- Personas toxicas a nuestro alrededor.

- Quejas, lamentos e inconformidad.
- Puñales de culpas, avaricia y resabios.
- Navajas de impotencia y carencias que causan estrés
- Recursos materiales que te llevan a creer que, el tener está por encima del ser.
- Ataduras que amarran las ganas de vivir y nos hacen daño.
- Frustraciones y fracasos que nos hacen victima.
- El peso de nuestra propia sombra.
- La conservación de aquello que nos resta.

Muchas veces sentimos que la vida nos envuelve como un andullo, que nos ata y nos deja sin pies y manos, sin voluntad, sin deseos de seguir, impotentes ante los retos que se nos presentan, imbuidos en un sentimiento de fracaso, como si entráramos a un espiral que nos lleva a un profundo abismo, y es entonces cuando tenemos que recurrir a nuestra fuerza interior; cuando tenemos que sacar nuestras mejores armas para salir de ese remolino, de ese tornado de confusiones, de esa tromba de emociones y echar la lucha, para triunfar; desplegar las alas y emprender un nuevo vuelo; ver en las cosas lo que los otros no ven; es entonces cuando estamos preparados para vencer, tener éxito y llenar nuestra alforja con:

- Ejercicios de meditación espiritual.
- Desengancharse de situaciones estresantes.
- Disposición de alejarse de personas dañinas.
- Una dosis de optimismo.
- Gratitud y bendiciones.
- La verdad, tu verdad, y mi verdad.
- Conciencia de uno mismo.
- Conciencia de nuestra vida espiritual.
- Responsabilidad social y conocimiento del otro.

- Una actitud de cultivar las dimensiones del ser humano, cuerpo, mente y espíritu para desarrollarte integralmente.
- La conservación de aquello que te suma.

Otra manera de llenar la alforja, es a partir de los ángeles y arcángeles que nos ayudan, guían y defienden de malas influencias:
- Con la luz amarilla y dorada del arcángel Jophier, para que nos aclare las ideas, nos de inspiración y sabiduría para actuar desde el amor.
- Con la llama rosa de Chamuer, para que nos inunde con el amor divino, con el amor incondicional.
- Con el rayo blanco del arcángel Gabriel, para que sea portador de buenas nuevas, nos ayude con el poder de la comunicación y abra nuestros oídos a los mensajes que nos da el universo.
- Con el poder del rayo verde esmeralda de arcángel Rafael, médico celestial para sanar el cuerpo y las heridas del alma, la mente y el espíritu y equilibrar la salud integral.
- Con el oro rubí y el color naranja que ilumina a Uriel, arcángel de la provisión, de la abundancia y el dinero, y que abre los caminos con su espada de fuego a la prosperidad material y la riqueza espiritual.
- Con la llama violeta del arcángel Saquier, para que limpie y armonice nuestras vidas y equilibre nuestra alma, corazón y espíritu para la transmutación, el amor universal y el perdon.
- Con la luz azul del arcángel Miguel, para que nos ayude a salir a camino, nos defienda de energías toxicas, nos libre de la oscuridad, de las dificultades del miedo y de la ansiedad.

- Con la espada del arcángel Miguel, para cortar y liberar cosas negativas.
- Con el escudo del arcángel Miguel, para que nos proteja de todo mal.
- Con el manto del arcángel Miguel, para que nos cubra y proteja de los enemigos.
- Con la balanza del arcángel Miguel, para que equilibre nuestras emociones.
- Con el látigo del arcángel Miguel, para que atraiga las cosas positivas hacia nosotros.
- Con la llave del arcángel Miguel, para abrir las puertas del bien.

Llenemos la alforja con la **oración,** que nos guía para no flaquear, que nos ayuda a *"ejercitarnos con la escucha atenta de la palabra de Dios", "con la elocuencia del silencio que nos conecta con Dios y que trae paz en el caos".*

Con **felicidad,** que llevo siempre conmigo, pues está dentro de mí; y no conduce al bien en sí.

Con **libertad,** que es *"verdadera y que orienta su dinamismo. La libertad suprema, la del amor"* (San Agustín).

Con **confianza,** que se gana con la acción que me orienta a proseguir.

Con **humildad,** partiendo de que la honra precede a la humildad misma. (Proverbio 15:33).

Con **éxito,** que está en la toma de conciencia de tu poder creador, del reconocimiento de los talentos y el provecho que puede sacar de ello para el bien de todos.

Con **perdón,** reconociendo personas y situaciones, sin orgullo y sin rencores, sintiendo esa necesidad de perdonar en el alma y corazón; *"es darte la oportunidad de vivir en forma libre",* porque podrás huir de todo y de todos menos de ti.

Con **esperanza,** *"la victoria que esperamos en cada situación o circunstancia y que la vida nos coloca".*

Con **amor,** vínculo perfecto, que mora en el corazón y es el idioma universal que une a todos los seres humanos.

Con **Jesús,** que vela mis sueños, que está siempre presente para ir al rescate, cuando nos caemos, porque *"Jesús es tu aliado para vencer la tentación"* (Obispo Víctor Masalles).

38
EL COJÍN DEL BAÚL

Valor y actitud para la FI: "Sin importar el contenido de nuestros recuerdos, siempre serán una fuente de aprendizaje y apoyo para la vida".
"Con los recuerdos y secretos del baúl bordemos nuestros sueños, tejamos nuestras esperanzas y cosamos nuestra fe".
NB

En un baúl se guardan las ilusiones y los más sutiles recuerdos y añoranzas, así como los más terribles secretos, pero tanto los recuerdos como las añoranzas constituyen un tesoro, que igual que los secretos, guardados celosamente y en algunos casos, para siempre. La expresión para siempre significa mucho tiempo, a la vez que es improductiva, razón por la que esos recuerdos y secretos que hemos guardado en el baúl del tiempo, es bueno sacarlo para catarsis del alma y para que una vez curados produzcan pensamientos positivos, pensamientos que generan sentimientos y al vivir la vida en base a lo que sentimos nos convierte en una persona pro-positiva.

Con los recuerdos, añoranzas y secretos construyo el cojín que sustenta mi manera de actuar afirmativa, positiva y de cara al bien, pues este cojín me ayuda a recordar y recrear frases que hemos escuchado, alguna vez en nuestra vida:

- Ver el vaso medio lleno, en vez de medio vacío.
- Visualizarnos bien, cómodos, felices y tranquilos.
- Visualizarnos en evolución, en cambio y exitoso.
- Ver las cosas que nos unen, en vez de las que nos separan.
- Ver lo mucho que tenemos, en vez de lo poco que nos falta.
- Pensar bien de los demás, en vez de pensar mal y creer que acertará.
- Ver la vida como un gran banquete, en vez de un gran ayuno.
- Ver desde la cumbre de la montaña, en vez de desde la falda.
- Agradecer por lo que se tiene, en vez de maldecir por lo que no se tiene.
- Hacer más de lo que funciona y menos de lo que no funciona.

Si los recuerdos y secretos del baúl te dan miedo (reacción lógica de nuestro cerebro), ante lo desconocido, o incierto o aquello que nos causó traumas; para poder curarlo hay que llevarlo a la acción, siendo honesto, sincero y firme. Si los recuerdos y secretos nos han acomplejado, recordemos que el complejo *"es una reacción exagerada en relación a un defecto"*, deficiencia, dificultad o realidad que no aceptamos de nosotros mismos. Ante estos complejos, nuestra actitud será de ver si puedes cambiarlo y si no aceptarlo y disfrutar tal y como eres recordando que eres una criatura de Dios y que Él nos hizo perfectos, únicos y especiales.

Con los recuerdos y secretos del baúl, bordemos nuestros

sueños, tejamos nuestras esperanzas y cosamos nuestra fe. Con nuestros recuerdos y secretos aprendamos a vivir, construyamos buenos pensamientos, buenos sentimientos y buenas acciones, de modo que seamos capaces de:

- Reconocer lo bueno en los demás, en vez de las cosas malas.
- Ser humilde en el triunfo y grande en la derrota.
- Ver a través del balcón, en vez de la ventana.
- Hacer críticas constructivas, en vez de destructivas.
- Ver a los demás con objetividad, en vez de subjetividad.
- Vivir en grande, en vez de solo soñar en grande.
- Vivir de cara a la verdad, desnudando el alma antes que el cuerpo.
- Aprender a querer todo lo que tengo, en vez de todo lo que quiero.
- Unir las manos para rezar, en vez de levantarlas con desesperación.
- Usar las manos para trabajar, en vez de extenderlas para pedir.
- Ver las puertas medio abiertas, en vez de medio cerradas.

Algunos baúles, guardan leyendas legendarias y muy ricas piedras, delicadas y suntuosas pieles y encajes, costosas prendas y ricos perfumes que sirven para ataviar a la más exigente dama, a las opulentas mesas y las más cálidas camas, aprovechemos del baúl esas delicateses, pero aprendamos a cambiar y desechar o reciclar aquellos tejidos dañados, aquellas prendas sin pulir, reciclemos lo guardado dándole una nueva oportunidad de ser útil y así como de las botellas de los perfumes vacíos, podemos aprender la sabiduría que emana del tiempo, de lo guardado, de lo raído y de lo dañado, para que en matrimonio con la naturaleza, disfrutemos de la belleza, de lo placentero y las profundas riquezas del alma humana.

Aprendamos también del contenido de los baúles que vomita el mar de los naufragios de otros tiempos y de otras vidas, porque de los secretos allí guardados podemos saber más de otras gentes, de otros mundos, de otros pueblos, de otras historias y con esas experiencias enriquecer nuestro propio mundo.

Los sueños que guardamos en el baúl son una producción de nuestra mente que luego pasa al corazón, por ello para lograrlo:

- Hay que ponerle pasión, sin perder el hilo de la ilusión y los argumentos de la razón.
- Tenemos que establecer puentes de comunicación.
- Saber que los sueños no nos conducen, sino la voluntad.
- Vernos como vencedores, para el logro de la abundancia y la prosperidad.
- Dar sin esperar recibir.
- Llevar el amor donde está el dolor.
- Usar el poder de las palabras.
- Llenar el calendario de signos positivos.
- Vencer los obstáculos para conseguir lo que nos proponemos.

Saquemos del baúl, aquellos recuerdos de la infancia que nos hacían felices y recreémoslo en el presente. Cuidemos los detalles para preservar los dones y riquezas que Dios nos ha dado, sin esperar a hacer realidad la frase de Dante, *"no hay mayor dolor que recordar los tiempos felices desde la desgracia".* Recordemos y emulemos en las cosas positivas a nuestros familiares presentes e idos, sacando del baúl aquellas cosas que nos ayudan a ser mejores, recordando a Cicerón con su frase, *"la vida de los muertos está en la memoria de los vivos".*

En el baúl podemos encontrar recuerdos, secretos y tesoros que a los virtuosos les enderezan la vida, pero que a los pecaminosos les hará pagar sus culpas. Muchas veces en el baúl se guardan grandes paradojas, cuyas contradicciones aparentes, se dan internamente y tenemos que cuidarnos de muchas de ellas:

- Se conocen los secretos, pero se condenan las posiciones.
- Se descubren los tesoros, pero se genera la ambición.
- Se rescatan los recuerdos, pero se da paso a la tristeza.
- Se recogen los juguetes, pero se guarda la ilusión.
- Se guardan los ropajes del payaso, pero al usarlo se esconde su dolor.
- Se ubica el punto del naufragio, pero anuncia la muerte del náufrago.
- Se guardan los silencios, pero produce ruidos en el corazón.
- Se guarda el lujo del vivo, que no usará el muerto.
- Se guardan sentimientos, que luego nos producen añoranzas.
- Se guardan los bombillos, que no usará en la próxima navidad.
- Se guardan historias de familias, que luego todos quieren ocultar.
- Se guardan herramientas que el moho herrumbra ha-

ciendolas inservibles.
- Se guardan los sueños, que luego se convierten en pesadillas.
- Se guardan los consejos del maestro, que luego se convierten en el verdugo del discípulo.
- Se guardan las soledades, que luego se convierten en desolación.
- Se guardan las bebidas que se añejan y luego envenenan y matan de un sorbo.

En el hogar, la versatilidad del baúl lo hace ser un mueble práctico que en los espacios donde se coloca, mantiene limpio y ordenado el lugar, pues es un elemento de almacenaje que protege todo lo que podamos guardar en él. En el hogar, el baúl decora, almacena y conforta con sus matices y texturas. En lo sentimental, el baúl reguarda y protege los más significativos momentos de la vida familiar, conservando los valores y encuentros que integran la familias. Dependiendo del material con que se construya, así será su significado, si lo construyo con:

Madera: significa prosperidad, riqueza y unión familiar;
Metal: elemento catalizador que significa orden protección.
Paja: significa flexibilidad y fácil de moldear.
Bambú: significa resistencia a los embates del viento y de las lluvias.
Ladrillos: es el abrazo de la tierra, para dar calor y abrigo, proteger de la intemperie y ser el verdadero hogar.

Sin importar el tipo de material que usamos para la construcción de nuestros baúles, siempre será un espacio a considerar para mantener vivos los recuerdos, sin importar cuál sea el contenido siempre será una fuente de aprendizaje y apoyo para tu vida y la construcción de tu historia personal.

39
EL COJÍN DEL COFRE DEL TESORO

Valor y Actitud para la FI: "La vida en sí es un tesoro, que lo descubrimos cuando aceptamos que "cada día es el mejor día de nuestra vida" que "el tiempo de Dios es perfecto".

La vida en sí es un tesoro, que lo descubrimos cuando aceptamos que *"cada día es el mejor día de nuestra vida"* que *"el tiempo de Dios es perfecto"*, que las cosas que nos suceden no son fruto de la casualidad o del azar, sino más bien son el resultado de lo que deseamos, de las intenciones y las acciones para lograrlo. Ese cofre, que es la vida tenemos y debemos aprender a abrirlo para poder tener acceso a su interior y descubrir cuáles son las herramientas que en ella se contienen para emplearlas con una actitud positiva, de progreso y de bien. Cuando creemos que somos merecedores y por tanto luchamos para obtener aquello que creemos que merecemos, vamos a la búsqueda del cofre para develar nuestro tesoro.

El cofre de la vida, despierta en nosotros, como en los niños, la ilusión, pues al abrirlo nos encontramos con un mundo mágico de música, colores, luces y objetos valiosos soñados por todos. Cuando abrimos el cofre, esperamos encontrar la magia para resolver los problemas que a diario nos presenta la vida, cuyos tesoros son: la nobleza de alma, la confianza en Dios y el amor a Dios y al prójimo; apoyado en otros tesoros como son:

- **El amor**; del cual somos cocreadores y cuando lo reconocemos, perdonamos y damos gracias, se convierte en una fuerza mágica que mueve el mundo, en un poder místico que nos direcciona a alcanzar lo que nos proponemos, en esa energía que mueve nuestro ser y que nos une en un propósito común.
- **La sabiduría**; nos lleva a potencializar las miserias para convertirlas en fortalezas, a hacer conciencia que la vida empieza y termina en ti; a ver en las heridas, el gran maestro de la vida; a reconstruirnos continuamente desde el dolor enfrentándolo con valentía hasta derrotarlo.
- **La tolerancia**; es el reconocimiento de lo que soy, el respeto a lo que son los otros y el acoger a los demás tal y como son.
- **La inclusión**; es la relación interna con nosotros mismos y la acogida y aceptación que damos a los demás.
- **La felicidad**; que está en conexión con la divinidad y nos ayuda a vivir gozosos, en paz y tranquilidad.

40
EL COJÍN DE LAS BRASAS

Valor y Actitud para la FI: "El cojín de las brasas lo construyo para convertir ese material rustico que soy, en el más fino diamante".

Las brasas son una fuente de calor, que mantienen temperaturas adecuadas en nuestros alimentos, pero que a la vez, los cocinan y cambian su textura, su sabor y apariencia haciéndolos más apetecibles al paladar humano. Las brasas destruyen, y asimismo construyen, pues de destruir la luz, nacen las brasas: brasas que arden alimentando la hoguera para dar calor a las noches de invierno; brasas que arden para ablandar el hierro o cualquier metal que funde el herrero; brasas que arden para cocer los alimentos que nos dan la vida; brasas que arden en las chimeneas para hacer los hogares más confortables; brasas que arden para quemar el incienso que aromatiza nuestros hogares; brasas que arden para producir el fuego que ilumina nuestro senderos; brasas que salen ardientes de los volcanes para dar a la tierra un gran respiro; brasas que arden para alimentar las calderas que producen movimientos; brasas que arden en el horno que cocina el barro perpetuando las formas que le ha dado en el torno las manos del alfarero; brasas que arden en el horno que cocina el pan fiesta al gusto y a los sentidos; brasas que arden para convertir la materia orgánica en nuevos suelos; brasas que arden en el interior de la tierra, para convertir el vegetal en hulla y la hulla en el cotizado diamante.

El cojín de las brasas lo construyo, para convertir ese material rustico que soy en el más fino diamante, por tal razón lo he construido con:

- **El amor,** el más incondicional y el más divino, fuerza mágica y mística que mueve el mundo y que te proyecta a alcanzar lo divino.
- **La pasión**, ardor que mueve nuestra alma y que nos hace mover montañas.
- **Las emociones**, sentimientos que arden en nuestro corazón y que bien orientadas limpian y liberan el alma.
- **Los deseos,** sentimientos que mueven el mundo y por el cual las cosas que se hacen, se hacen realidad porque se quieren o desean.
- **La compasión**, que nos permite ayudar y ser solidario con los demás.
- **El jubilo, alegría y gozo,** que proviene de nuestro interior y que nos acerca a Dios, fuente de felicidad y razón de nuestras vidas.
- **La fe,** fuerza que nos sostiene y nos mantiene firmes para enfrentar los reveces de la vida.
- **La ilusión,** fuerza que nos impulsa a actuar confiados.
- **El fuego,** que en forma de lengua representa al Espíritu Santo y nos llena del poder y la misericordia

divina.
- **La esperanza**, que nos mantiene firma ante la adversidad y que nos da fuerzas para seguir adelante.
- **El calor**, que hace del sol la mayor fuente de vida.

El cojín de las brasas, nos sirve para quemar en ellas las desilusiones, las frustraciones, el desamor, la desesperanza, las fallas de la fe, los odios, la rabia; los rencores que, más que dañan a otros, nos dañan a nosotros mismos; así como quemamos el incienso que lo perfuma todo, quememos las podredumbres del alma que lo contaminan todo; quememos las alas de los vuelos interrumpidos y construyamos nuevas alas para iniciar nuevos vuelos; quememos los retos del fracaso y asumamos nuevos retos; quememos las naves del naufragio y construyamos nuestro propio bote, pues ya lo dijo Napoleón Bonaparte, *"el infortunio es la comadrona del genio"*; o como dijo Séneca, *"en el naufragio es donde se conoce el buen piloto"*.

41
EL COJÍN DE LA QUIEBRA

Valor y Actitud de la FI: "la pérdida y el encuentro, entre lo que se escapa y lo que se queda".

El mayor bien que puede tener un ser humano es el amor; sin embargo, cuando no es correspondido produce dolor; la falta de retribución genera un sentimiento de fracaso que nos coloca en quiebra. Estar en quiebra es sentirse aislado, ausente y en postergación de toda acción para cambiar, *"dejando para mañana lo que puedes hacer hoy"*. Es dejar que las preocupaciones dominen tu accionar; es dejar que la oscuridad lo ensombrezca todo; es sentirse vulnerable, débil, flojo; es estar en desconfianza por falta de coherencia entre lo que ves y lo que realmente es; es no estar conscientes de lo que somos.

Estar en quiebra es sentir el desequilibrio que genera la inseguridad, la falta de oportunidades, porque no te toman en cuenta. La quiebra se manifiesta como depresión, reacción que sufrimos ante situaciones que no podemos resolver, resultando en: un desbalance entre estabilidad y desestabilidad, entre tranquilidad y desasosiego, entre calma e intranquilidad, entre la conformidad y la inconformidad, entre la pérdida y el encuentro, entre lo que se escapa y lo que se queda.

Vivir en quiebra es vivir, CON AMARGURA, es cuando nada nos hace felices; vivir en el pasado en lo relativo a lo que no vivió, a lo que no logró. La amargura nos hace infelices, nos hace vivir en culpa, nos hace vivir desde la negación y desde el rencor a aquello o aquellos, que supuestamente no nos dejaron hacer o ser. Dios quiere que vivamos alegres, felices y contentos, pues cada una de estas acciones y actitudes se multiplicaran.

Estar en quiebra, es estar enfrentado en una lucha por dejar ir y que al aferrarte te paralizas, te desgastas y te fraccionas la voluntad frenando tus ganas de avanzar, de conocer y enfrentar nuevos retos y oportunidades.

Estar en quiebra, es sentirse vació, incapaz de hacer o ser algo o alguien, es sentirse insatisfecho con lo que tienes, con lo que dices o haces, con lo que eres o es.

La quiebra fracciona la voluntad, las ganas de seguir adelante y coloca nuestra alma en una disyuntiva de tener que separar:
- La angustia y la tranquilidad.
- La tristeza y la alegría.
- La resistencia y la persistencia.
- La postergación y la anticipación.
- La preocupación y la ocupación.

Estar en quiebra es vivir con el resentimiento que produce

el querer para sí, lo que pertenece a otros, la tristeza que produce el bien de los demás o la alegría que causa el mal ajeno, todo esto se traduce en envidia, sentimiento profundo de la psique humana que quiebra las relaciones y saca a relucir la mezquindad en el dar y el recibir.

Estar en quiebra, es sentir y sentirse:

- Amenazado y en riesgo de perderlo todo.
- Disminuido por creer que somos menos.
- Oprimido sin voluntad y disposición para romper con las ataduras.
- Vacío, agotado y cansado de todo y de nada.
- Solo en medio de la multitud, porque nadie te escucha.
- Pena y tristeza profunda que anula nuestro emprendurismo.
- Miedo que hiela la sangre y te paraliza poniendo en riesgo la propia existencia.
- En una encrucijada para decidir qué hacer en situaciones puntuales.
- El peso de la monotonía de aquello que te daba satisfacción y alegría.
- Desgaste en las emociones para resolver las situaciones que nos llevan a auto-descalificarnos.
- En desventaja frente a situaciones difíciles que hay que enfrentar.
- Inseguros para enfrentar los retos.

El cojín de la quiebra, nos proporciona las herramientas que han de ayudarnos a enfrentar la quiebra, que a pesar de que pasamos la vida protegiéndonos de ella, llega cuando uno menos la espera y nos coloca en crisis por: las pérdidas económicas, de identidad, de posesión, de posición y de relación, hasta que tocamos el fondo de la crisis. El cojín de la quiebra, nos ayudará a vencer la crisis, porque contribuye a:

- Darnos cuenta que nada está tan seguro que no nos pueda fallar.
- Reconocer el tipo de quiebra que nos tiene en crisis.
- Ser valientes para poder enfrentar la adversidad con éxito.
- Ser fuertes, luchadores y capaces para seguir adelante.
- Armarnos con el AMOR, que mueve toda resistencia.
- Desapegarnos y perdonar las ofensas.
- Buscar nuevas formas de hacer las cosas.
- Reconciliarnos con DIOS y con nosotros mismos.
- Vencer los enojos que nos llevan a pelearnos con la vida.
- Tener el coraje para entrar en nuestro yo interior y sanar las heridas.
- Romper con la esclavitud del peso de nuestras culpas.
- Poner pasión en nuestras acciones.
- No asumir el papel de víctima, sino de vencedor.
- Reconocer nuestros recursos y potencialidades.
- Ensanchar lo angosto de nuestras posibilidades.
- Enfocarnos en sacar aprendizajes sabios del fracaso.

Asimismo con el cojín de la quiebra, como un escudo protector, nos llenamos de confianza, de seguridad, de fe en nosotros mismos y en los demás y nos atrevemos a enfrentar aquello que nos produce quiebra, **a ponerle alas a nuestros cojines y dejarnos llevar por ellos a nuevas rutas de esperanza y a lograr nuestros sueños.**

42

EL COJÍN DEL ENCUENTRO PARA EL ÉXITO EN LAS RELACIONES

Valor y Actitud de la FI: "En el encuentro se hace realidad la trascendencia y la convivencia fraterna consigo mismo, con los demás, con la naturaleza y con Dios, a la luz de los principios y valores éticos, morales y espirituales."

El encuentro, es la experiencia reversible que se da entre personas, entre las personas y su entorno, así como en los diferentes ámbitos de dicho entorno; es la relación donde se encuentran dos o más realidades que nos obliga a tomar decisiones, a asumir actitudes y valores para ayudarnos unos a otros, en forma mutua, creando un *"toma y daca"*, que va más allá que estar juntos. El encuentro da lugar a una convivencia auténtica, que se fundamenta en el compromiso, en el trato amable, en la compasión, en el altruismo, en la comprensión…en fin es un conjunto de capacidades actitudinales de encuentro que se asumen para el desarrollo de las competencias relacionales.

Para trabajar las relaciones, se plantea tanto una invitación a compartir con los otros, así como el desarrollo del valor de asumir la relación centrada en el encuentro con los demás, para crear vínculos de afectos a partir de actitudes y valores como: el amor, el respeto, la responsabilidad, la empatía, la amistad, la gratitud, la colaboración, el aprecio, la alegría y el disfrute… Cuando esa relación de encuentro no se da, probablemente es por lo que afirma Sigmund Freud, *"el sufrimiento humano, se da por la insuficiencia del método para regular las relaciones humanas en la familia, el estado y la sociedad"*.

En el encuentro, se hace realidad la trascendencia y la convivencia fraterna consigo mismo, con la naturaleza y con Dios, a la luz de los principios y valores éticos, morales y espirituales; nos enseña a adaptarnos, a valorar y respetar el entorno natural como espacio de la creación y el entorno social como la comunidad de Dios.

El encuentro, es una invitación a responder en forma acogedora los afectos para crear vínculos de comprensión, de entendimiento y de cercanía; para encontrarnos, tenemos que empezar por encontrarnos nosotros mismos y para ello tenemos que volver a ser niños/ñas, tenemos que ir a nuestra infancia, a descubrir los misterios que se ocultan detrás de nuestro comportamiento, romper ataduras con nuestro pasado, para fluir y seguir adelante y así poder actuar con libertad y autonomía; para encontrarnos, tenemos que ir a la fuente, a los origenes, a las raices de nuestra condición humana.

El encuentro consigo mismos, se da cuando creemos en nosotros y cuando reconocemos dones, potencialidades y talentos; cuando creemos en nosotros mismos sin tener que cuestionar lo que somos y lo que queremos continuamente; cuando no ponemos en dudas nuestras capacidades y competencias; cuando no negamos la verdad que nos inspire a actuar; cuando lo que pensamos, decimos y hacemos es pertinente y apropiado a las necesidades del contexto; cuando nuestras ideas son construcciones que contribuyen a mantener el orden establecido; cuando centramos la atención en las cosas positivas de la vida. En esa búsqueda del encuentro cabe preguntarse ¿Qué es la vida? ¿Quiénes somos las personas? Para así tener que respondernos: que la vida se crea y se procrea, en una relación de encuentro y que por tanto, el ser humano es un ser de encuentro, somos criaturas de Dios que crecemos y nos desarrollamos espiritualmente en el encuentro con Dios. Para que el encuentro se dé desde los otros, con los otros y para los otros, nada más valioso que las sabias palabras de la Madre Teresa de Calcuta, cuando dice: *"no debemos permitir que nadie se aleje de nuestra presencia sin sentirse mejor o más feliz"*; por todo esto, nos atrevemos a hacer una propuesta de consideraciones a tomar en cuenta para el encuentro con los demás:

- Lograr que nuestras relaciones sean como ramas de árbol, que fructifican en los patios de los demás.
- Reconocer a los otros de modo que, su reconocimiento sea una extensión de nuestro propio reconocimiento.
- Que el reconocimiento que nos prodigan los otros sea correspondiente con nuestro propio reconocimiento.
- Que el vínculo con nuestros semejantes sea cónsono con nuestra naturaleza humana, basada en el sufrimiento y el gozo en las relaciones con los demás.
- Que el encuentro sea como el juego de los niños/ñas, cargado de inocencia, de confianza y de verdad.

Por su parte, el encuentro busca formar al ser humano ideal, entendiéndose por ideal ser capaz de adaptarse a los diversos planos de la realidad, de modo que el ser humano viva a plenitud, en forma entusiasta, inspiradora y enamorado de su entorno, así como de los ámbitos y situaciones tanto personal, natural, como social y trascendente.

Para que se produzca el encuentro, tenemos que valernos del pensamiento superior que se fundamenta en la trascendencia, que no es más que la superación del ser humano más allá de su realidad, para la conquista de su desarrollo espiritual, centrado en: La Vida Espiritual, plano superior y punto focal de la energía vital y del valor de lo ideal, de lo perfecto, de lo elevado y excelente; las creencias: certeza de las cosas que damos por conocidas y a partir de las cuales tomamos acción por convicción; el valor ético que nos orienta a buscar lo correcto, lo justo, lo bueno; lo moral que acerca a Dios, en función de lo que debo hacer y lo que no debo hacer para hacernos personas dignas por derecho, tanto en la esencia de la vida individual como social.

La trascendencia y la convivencia fraterna, a la luz de los principios y valores éticos, espirituales y trascendentes, nos enseña a adaptarnos, a valorar y respetar el entorno natural como espacio de la creación y el entorno social como la comunidad de Dios.

El encuentro, es una experiencia fundamental del ser humano que implica más que *"vecindad espacial"*, pues el ser humano crece y se desarrolla fundando relaciones de encuentro con otros seres humanos.

El encuentro, no admite divorcio entre la razón y el corazón, pero tampoco entre personas, pues se alimenta con la amistad, imán que atrae los seres humanos y que fomenta las relaciones entre sociedad y comunidad.

¿Cuándo es útil en el encuentro aplicar las competencias relacionales e interpersonales a nuestras vidas? Cuando las acciones que las orientan, nos resultan interesantes y despiertan en nosotros nuevas inquietudes; cuando nos motivan a seguir buscando nuevos conocimientos; cuando despiertan entusiasmo, nuevas aspiraciones y nuevas expectativas; cuando nos ayudan a buscar nuevas relaciones; cuando nos ayudan a leer nuestros propios pensamientos; cuando nos ayudan a satisfacer necesidades y a forjarnos nuevas metas; cuando reflexionamos sobre nuestra relación con todos, con algunos y con Dios, como dice el título de estos versos:

Con todos, con algunos y con Dios.

Con todos
los hombres del mundo,
sostengo un lenguaje mudo,
cuando evoco cada uno
y lo comparo con Dios.

Con algunos hombres,
me identifico uno a uno
y descubro que en todos ellos
hay un punto común,
que nos mantiene unidos
y ese punto común,
es el encuentro con Dios.
*(fragmento)*NB

43
EL COJIN DEL ACOMPAÑA-MIENTO

Actitud y valor para la FI: "Acompañar es una práctica para ayudar a discernir y a digerir situaciones enraizadas en la fe".
Larry Yevenes PSJ.

Muchas veces oímos y repetimos la frase, *"más vale solo que mal acompañado"*, es una posición cómoda donde se reprime, pero también se suprime la relación con los demás. El acompañamiento visto así, deja de ser y anula nuestra identidad y diversidad.

Los cojines son armaduras que nos protegen el alma y el espíritu, y se manifiestan en un cuerpo y una mente sana; juntos, constituyen una barrera protectora contra la inversión de valores que vive la sociedad hoy.

Los cojines despiertan optimismo y el *"optimismo es la llave de la fe ", "certeza de lo que se espera y convicción de lo que no se ve"* (Hebreos 11:1); esta fe nos ayuda a romper ataduras y salir de una situación de presión para lograr el éxito en todo lo que emprendemos. Los cojines te ayudan a conseguir la paz, que se genera cuando hemos pagado nuestras deudas emocionales y espirituales; nos ayudan a salir de las situaciones angostas del túnel de la vida, dejando de lado la angustia, la tristeza y el miedo.

Los cojines son formas de acompañar, de encontrarnos con los demás y de establecer patrones de vida centrados en la ética, los valores y los principios que acompañan nuestro mapa de vida. El éxito del acompañamiento está, en la toma de conciencia del poder del ser humano para sanar y ayudar a otros a sanar sus heridas; los cojines nos ayudan a reconocer nuestros dones y talentos, para usarlos en provecho personal y en beneficio de las personas a quienes acompañamos, para la construcción progresiva de las libertades y autonomía, así como la toma de conciencia del entorno para la convivencia en paz, la fraternidad y el conocimiento de la verdad.

El acompañamiento, nos ayuda a elegir y modificar el futuro desde nuestro presente, conocer tu propio poder y fuerza, para entender y ayudar a los otros a entender y llevar a la práctica la búsqueda de la felicidad, felicidad que depende en gran medida de lo que das y lo que estás abierto para recibir.

Para acompañar para la FI, tenemos que partir de que: la fuente de acompañamiento más confiable es Dios; tenemos que acudir a nuestro *"maestro interior"* para escuchar nuestro corazón, (Confesiones PSJ).; la voz interna y nuestros silencios son nuetras mejores herrminetas para encontrar esa dirección y guía que buscamos y esperamos.

El acompañamiento, ha estado siempre presente en las funciones y actitudes de la vida de las personas como parte integral de la personalidad del que acompaña, que focaliza su accionar en la comprensión, la compasión, la necesidad de consolar y de apoyar el crecimiento y desarrollo emocional y espiritual de la persona a la que acompaña.

El acompañamiento, ha estado fundamentado en los valores que como el respeto, la responsabilidad, la prudencia, la discreción, así como todos aquellos valores que atienden al aseguramiento de una vida digna. Desde la concepción del ser y todos los aspectos de su vida de encuentro consigo mismo, con la naturaleza, con los demás y con Dios. Desde la fe, el acompañamiento es *"un ministerio de servicio eclesial", "es una práctica para ayudar a discernir y dejarse ayudar a dirigir situaciones enraizadas en la fe".* (Larry Yevenes PSJ).

El acompañamiento, tenemos que visualizarlo y practicarlo desde nuestras capacidades y facultades de obrar para el bien, en actitud de reconocimiento de la dignidad de las personas, dueñas de su libertad y autonomía, en capacidad de tomar sus propias decisiones. Acompañar no es imponer, no es fijar metas ni tampoco establecer objetivos; es más bien estar cerca, estar presente en los buenos y menos buenos momentos.

Acompañar tiene múltiples dimensiones: desde las relaciones de acompañar:

*"No es trazar pautas,
no es señalar sendas,
es servir de guía,
es caminar juntos por la vía".
(fragmento poesía N.B.)*

Según las leyes de la espiritualidad, *"la persona que llega a tu vida es la persona correcta",* es por ello que tenemos el compromiso y la responsabilidad de acompañarlas desde el estar cerca en forma altruista y colaborativa. Para que se dé el acompañamiento, tenemos que asumirlo desde el encuentro, *"vínculo que nos conecta con nuestros semejantes de modo que nos relacionamos con ellos, en compañía, con una posición de que la felicidad está dentro de uno, no al lado de alguien";* sin embargo, creemos como cristianos que cuando descubro mi felicidad interior, mi compromiso es colocarme al lado de alguien para acompañarlo a descubrir la propia.

Desde la enseñanza y los aprendizajes, el acompañamiento se puede entender mejor desde la frase de San Francisco de Asís, *"la verdadera enseñanza que transmitimos es lo que vivimos, y somos buenos predicadores cuando ponemos en práctica lo que decimos".* Para ello, *"comienza haciendo lo que es necesario, después lo que es posible y de repente estarás haciendo lo imposible".*

Una forma de acompañar, es modelar con el ejemplo, no querer cambiar a nadie, tampoco querer dirigir la vida de nadie, pero sí hacer lo que haya que hacer, para ayudar a que alguien encuentre su camino.

Acompañar a los otros para agregar valor a su vida se alcanza desde:

- Crear un ambiente de confianza para que el otro/a vea que puede contar contigo.
- Ayudar al otro a llegar más lejos y a escalar un nivel más alto.
- Estar al lado del otro en las buenas y en las malas.
- Convencer al otro de que tu preocupación por el y/o ella es auténtica, es verdadera.
- Ver en los otros las cosas que ellos no ven de sí mis-

mos.
- Escuchar, ver y oír para poder comprender y poder ayudar.
- Acompañar creando un ambiente de confianza, fe y esperanza.
- Ayudar a levantar y mejorar las cualidades buenas del otro.
- Ser integro, haciendo lo correcto y aconsejando a otros a hacer lo correcto.
- Apreciar y valorar a la persona que acompaña, dejándola saber tu aprecio por ella.
- Ayudar a enfrentar las situaciones con valentía, venciendo el miedo.
- Dar sin esperar recompensas, sin apego y con generosidad.

¿Porqué y para qué acompañar?

Acompañar a alguien es un desafío, que se torna fácil si contamos con la ayuda de Dios y que en el plano material se enfrenta con éxito, si vencemos los miedos, las dudas y el temor, sentimientos y emociones que hay que confrontar, pues nada que varga la pena resulta fácil de asumir.

Acompañar a alguien es digno, y actuar con dignidad recauda bendiciones para el que lo practica; es estar presente, es liderar contando con la voluntad divina; dejando que Dios fluya a través de mí como acompañante y del acompañado.

Acompañar, es compartir en forma generosa ayudando a otros a apreciar y disfrutar los bienes que hemos recibido de Dios, (Hechos 2:46). Acompañar, es infundir ánimo a alguien consolándolo en sus penas y socorriendo sus necesidades, (2 de Tesalonicenses 2: 16).

Acompañar, es hacer que se sienta protegido aquel que acude a nosotros en busca de consuelo, ayuda y dirección.

Acompañar, es ayudar a buscar y encontrar el manantial de virtudes que hay en cada uno de nosotros para encontrar la verdad, desde la contradicción y vivir en armonía.

Acompañar, es practicar el altruismo, ser solidarios dando lo mejor de sí, es hacer del *"ejercicio de la solidaridad, el ejercicio de la humildad",* (Eduardo Galeano).

Acompañar, es interactuar sacando provecho de la relación, partiendo de que nuestra experiencia humana tiene retos similares que nos llevan a asegurar que cuando te acompaño me acompaño.

Acompañar, es encontrar esa plenitud aun cuando se está solo, aun cuando estamos "Vacíos", plenitud que expresamos en estos versos:

Vacíos
(Fragmento poesía)
(Nurys Beltré)

Buscando un sentido
revuelvo mi alma
y encuentro una luz
que apenas se asoma
diciéndome, espera,
no corras,
no esconda las manos.

*Que Dios ha hecho todo
de modo que el hombre
dentro de la nada
pueda sentirse pleno.*

O en estos versos:

Soledad
(Fragmento)

*Soledad que me ayuda
a ser parte de ellos
por que puedo pensar
como él , como aquel,
o como aquellos
y porder comprender
todo su tormento.*

44
EL COJIN DE LA REALIDAD

Actitud y valor para la FI: "Para conocer la realidad hay que ser capaces de mirar lo que no se mira, pero que merece ser mirado".
Eduardo Galeano.

Si partimos de la frase que publicara CCA en las redes sociales, *"Dios nos hizo en serio, no en serie",* surge la pregunta ética ¿Qué significa en serio? En serio quiere decir de verdad, hechos para el bien, pero al decir esto cabe la interrogante pero ¿Qué es el bien? Lo bueno, lo justo, sin pretender ser filosofo es bueno considerar que Dios nos hizo seres con conciencia y la conciencia nos conduce a actuar de cara y de frente a la verdad, que es otra manera del bien, que se expresa en el amor de Dios hacia nosotros y que se expande en una expresión bondadosa hacia los demás y en el servicio amoroso que en forma justa, significa dar a cada quien lo que merece conforme a su bondad; lo justo es reconocerlo, apreciar su desprendimiento, elogiar su don de dar; (Hechos 2: 46).

Hacer lo correcto, por otra parte, es actuar con serenidad

y ecuanimidad, buscando siempre el bien, que se hace realidad cuando compartimos con los demás, cuando practicamos la generosidad con alegría, a partir del discernimiento, el respeto a las decisiones propias, para que mi intención sea de justicia y mis acciones proyecten el bien deseado.

En el mundo real, partimos de las ideas que nos afloran, de las cosas que nos rodean, de las personas con las cuales convivimos, de nuestro entorno natural y de la procedencia divina de nuestra humanidad.

Cuando Descartes afirma que *"la realidad es el sistema y el sistema es la realidad"*, hace referencia a la realidad como el estado de cosas, como lo ineludible, lo tangible, observable, medible en fin la realidad, es lo que ES, que se altera y tomo en cuenta lo potencial lo que a su vez, con la fuerza de lo posible, transforma toda realidad convirtiéndola en posibilidad y abriendo una puerta al cambio y a la oportunidad.

Para vivir la realidad con autenticidad, hay que considerar y dar paso a los DONES, cuya misión es hacerlos reproducir y para lograrlo tengo que empezar por reconocerlo, ¿Qué es un DON? El DON *"es una cualidad del alma, esencia de lo que soy"*, ¿Cómo funcionan los DONES? Como palancas para superar nuestras limitaciones, como fuente de energía para impulsar nuestro accionar, como...

Para entender la realidad, tenemos que entender primero nuestra realidad, y para ello tenemos que preguntarnos ¿De dónde vienen las personas? Apoyada en los textos bíblicos, para mí es fácil entender y afirmar que somos criaturas hechas a imagen y semejanza de Dios, orientadas por el aprendizaje a peguntar y buscar respuestas, a descubrir quiénes somos, a buscar la armonía con nosotros mismos, con la naturaleza, con los demás y con Dios.

Cada persona obedece a su naturaleza humana, porque así como la naturaleza del alacrán es picar, la naturaleza del ser humano es sobrevivir racionalmente, buscando su camino espiritual, emocional y trascendente para aprender a ser una mejor persona; esa mejor persona:

- Deja que su espíritu dirija sus actitudes y acciones.
- Responde a las situaciones difíciles con sabiduría, dejando a Dios actuar, pues Él lo sabe y puede todo.
- Aprende a desarrollar relaciones amorosas y tiernas con los demás.
- Ve la belleza y hermosura en las personas más sencillas.
- Ve que todos los días perdemos cosas, pero que si nos fijamos siempre hay otra en su lugar.
- Ve detrás de la niebla, para descubrir el otro lado del sendero.
- Ve la felicidad que siente en el corazón, pero que hay que ganarla con la razón.
- Ve la elocuencia en el silencio, que te da cada día un mensaje nuevo.
- Ve la riqueza en el desapego.
- Ve en las cosas que dan miedo, lo que hay que confrontar.
- Ve en la crisis la oportunidad de seguir adelante.
- Ve en el fracaso la oportunidad de aprender.
- Demuestra su grandeza por la forma que trata a los pequeños.

La armonía de mi verdadero ser, es mi mayor activo, y esa

armonía la adquiero cuando acepto, acojo y asumo las diversas maneras de como se manifiesta la realidad que enfrento con alegría, tolerancia, paciencia y humildad, (Efesio 4:1-2).

Reconozco mi realidad y dejo fluir mi espíritu en las cosas que sé, en las cosas que hago y en la esencia de mi ser. Cuando me reconozco a partir de la razón y de mis emociones encuentro mi verdad y emprendo mi viaje pasando de una pradera a otra, buscando la pradera más verde, que siempre está en el corazón del viajero y que te llevará siempre al lugar donde tienes que estar.

Cree en ti y en tu realidad, pues lo que tú no decidas lo decidirán otros por ti:

- El camino que tú no andes, lo andarán otros por ti.
- El prado al que tú no llegues, llegarán otros por ti.

Cuando armonizo mi mente y mi espíritu, me doy espacio para dejar que me inunde el gozo de dejar a Dios y a la naturaleza, actuar para dar paso a las cosas tal y como son:

- Tan natural como sonreír y reír.
- Tan natural como respirar e inspirar.
- Tan natural como amar y dejarse amar.
- Tan natural como la conciencia y la inconciencia.
- Tan natural como vivir y morir.

En el cojín de la realidad. vemos la vida y las cosas que nos suceden como Deja Vu; ¿Qué es el deja vu? El deja vu es una situación o experiencia que sale a la luz y que como recuerdos experimentamos dejándonos una sensación de haberlo vivido; se genera para desencadenar recuerdos reprimidos y/o sueños no realizados. Cuando esos recuerdos son dolorosos nos dan la sensación de temor, miedo y dudas que toman forma, cuerpos, aromas y colores y se tornan como la dura realidad.

Los deja vu como los sueños, son representaciones de deseos reprimidos que experimentamos como la realidad: muchas veces me he visto conduciendo y no conduzco; liderando mis gentes y no soy líder; aconsejando a los amigos sin ser consejera; pero como deja vu en otro plano, en otra esfera, en otro entorno; reflejo de mis aspiraciones y sueños, a los que no renuncio, a pesar del tiempo y de la cruda realidad.

Cada vez que experimento un deja vu, siento que una nueva estación se abre en mí, para dar paso al milagro del logro de mis sueños. Si vemos los milagros como aquellas cosas que suceden fuera de nuestra comprensión natural, sabemos que con la conexión divina se hacen reales, viables, presentes y más fuertes y los esperamos, confiados en el poder de Dios, (Juan 1:40)…

A veces, la vida se torna dura y en apariencia insoportable, sin embargo, espera y verás, que cuando nos parece, que todo está perdido, que nada vale la pena, que las esperanzas se han ido, aparece un ángel de luz que te dice, espera no corras, no todo está perdido, vuelve a tus raíces, busca tus orígenes, ve a la fuente y es ahí cuando empezamos a desenvolver todo lo vivido y desempacamos nuestras vivencias, y como tráiler de película de ficción, regresamos a nuestros orígenes y empezamos a darnos cuenta que aunque *"nos sintamos como pez gordo en pecera pequeña",* es de ahí que tenemos que volver a empezar, recomponer nuestras fuerzas y comenzar de nuevo, encender el fuego que se ha apagado, *"respetar las reglas y saber cuándo romperlas".*

La vida no es fácil, sin embargo, si actúa con humildad te darás cuenta que está llena de oportunidades, que hay que salir a buscar el mensaje que está en las cosas pequeñas, estar abierto al cambio, salir de la queja, arriesgarte, tener fe y visualizarte como ente de bien.

Para vivir los sueños, descifra tu misión y vives en función a esa misión, asúmela con fuerza, coraje y decisión; recuerda que todo tiene un por qué, un para qué, un sentido, por ello tienes que superar resentimientos, odios, agravios y rencores perdonando y perdonandote para asumir nuevos retos y oportunidades.

El deja vu, es una reminiscencia de las cicatrices que quedan como constancia de las heridas, pero cuando uno perdona, esas cicatrices constituyen el aprendizaje de vida y el deja vu se torna como un mensaje que nos alerta y nos inspira para crecer y ayudar a otros a crecer. Al sosegar el corazón y tranquilizar la menta me ayuda a dejarme guiar por la inspiración divina, donde el fracaso no existe, donde no hay fracasados, sino más bien, situaciones de aprendizaje y personas que aprenden. Tomo riesgo y emprendo nuevos caminos que me ayudan a experimentar la gloria, y la realidad se hace mas llevadera.

En gran parte de la vida actuamos como salvavidas, cuando podemos ser nadadores, aun en contra de nuestras posibilidades, nadar como pez en sus aguas tomando el control de las olas, de las corrientes y enfrentar a los otros peces que te acosan. Ser como caminante que corre su propia carrera; aunque hay una meta común, unos corren delante, otros corren contigo, otros corren detrás; ninguno está tan cerca que ya llegó; ninguno está tan lejos que no ha de llegar, solo tienes que estar atento a tus propios pasos, mantener tu propio ritmo y salvar tu propia meta y harás tu realidad más llevadera.

Vivir de cara a nuestras potencialidades, talentos, virtudes y dones, nos hace estar conscientes de nuestra provisión divina y el compromiso de recrearlo en las acciones cotidianas, desde la desnudez y sencillez del alma para estar abierto al cambio y cumplir con la misión de hacer reproducir los dones: revertir las situaciones de escasez en abundancia, el fracaso en aprendizaje y la pérdida en encuentro, - *"en vez de interpretar la realidad, transformemos la realidad"*, llamado de Karl Marx a los filósofos de su tiempo. - Seamos líderes de la transformación de la realidad, que Según Burns, es *"el liderazgo transformacional un proceso en que los líderes y seguidores hacen entre sí para avanzar a su nivel más alto de la moral y la motivación"*.

45
UNA PROPUESTA DIDACTICA PARA TRABAJAR LOS COJINES ORIENTADOS A LA FIH

Mi propuesta pedagógica se inserta en la teoría revolucionaria de Pablo Freire, quien en sus planteamientos establece la necesidad de un cambio radical del rol del educador y del educando en los procesos de formación, dando paso a la educación problematizadora y liberadora, que coloca a los protagonistas del proceso educativo en situación de libertad y de someter el aprendizaje en un proceso de reflexión-acción; acción-reflexión.

Si partimos de que la propuesta educativa de Freire es la de mayor fuerza en el pensamiento latinoamericano, a partir de la década de los 70; pensamiento que surge de una respuesta a la situación política, social y económica de la época, respuesta a la situación de opresión que evidencia una gran pobreza material y espiritual en Brasil y Latinoamérica; de ahí que, se halla considerado una pedagogía de los seres humanos en la lucha por su liberación de las cárceles del sistema educativo que no permitía el pensamiento propio, autónomo y liberador.

En la pedagogía del Oprimido, Freire describe el mundo prisión y se compromete con su transformación; la cual una vez transformada la realidad deja de ser pedagogía del oprimido para convertirse en pedagogía de la liberación.

La calidad del sistema educativo la salva el maestro en el aula, el maestro comprometido, que es quien cambia la metodología y por ende cambia el aula/jaula y la escuela deja de ser el palomar.

En mi propuesta pedagógica, el énfasis lo constituye la pedagogía de la integración de la persona, que permite reciclar continuamente lo que aprende, orientada en la búsqueda de la armonía interior del cuerpo, del alma, del espíritu, de la Psiquis, del intelecto y de lo trascendente; dimensiones del Ser que vinculadas de forma armónica permiten a los alumnos/as querer lo bueno, hacer lo bueno y disfrutar lo bueno, de modo que les ofrezca la oportunidad de practicar la virtud a partir de la *"armonización de voluntades"*, hacerlo con sus propios materiales, y con sus propias formas y maneras y a su propio ritmo.

Mi propuesta pedagógica se perfila desde el SABER, HACER, SER Y TRASCENDER para un poder CONVIVIR armónicamente con los demás:

Cuando repaso la teoría educativa planteada por J. Delor y su grupo de apoyo desde la UNESCO. (1996), en lo relativo a los pilares de la educación, me doy cuenta que valdría la pena invertir el orden de la lógica de como se ha propuesto que se aprenda, e inicio priorizando al SER en las relaciones del saber ¿Y qué significa SER? Para explicar el ser nada más inspirador que las palabras del Apóstol Pablo cuando dice: *"Porque en Él vivimos, nos movemos y SOMOS;..."* (Hechos 17:28) lo que lleva a creer y a afirmar que YO SOY porque Dios mora en mí, porque soy la vida de Dios en expresión en mí, porque Dios mora y permanece unido a mí; porque me acepto como una creación de Dios digna, capaz de elegir el bien. Si lo vemos desde la visión del gran filósofo Lao Tse, el aprender a SER nos da poder porque *"el que domina a los otros es fuerte. El que se domina a sí mismo es poderoso"*. El saber SER te lleva a la objetividad, lo que a su vez te genera respeto; pues en un choque de verdades reconoce donde está la verdad y respeta el punto de vista de los demás.

Es el SER lo que me mueve a obrar, a HACER, a servir, a actuar en forma constructiva, en forma provechosa, útil y beneficiosa; es ocuparse para lograr lo que nos proponemos; es *"dejar de ser efecto para convertirse en causa"*; es comprometerse para obtener el resultado esperado; HACER, es la acción de Dios por medio de mí, es ir para poder llegar, es empezar para poder acabar, *"todo lo que venga de mano a mano para hacer, hazlo según tus fuerzas"* (Eclesiastés 9:10); ahora cuando mi accionar, y mi trabajo, inspiran y motivan a otros a actuar y se hace con bondad, aprecio, y altruismo este hacer compartido en forma excelente se convierte en TRASCENDENTE, logrando una perspectiva espiritual más elevada, que me impulsa a ser para poder estar, a soñar para poder crear, a sentir y valorar la vida en dimensión trascendente, pues para saber morir tendré que saber vivir. Para Paolo Coelho, hacer trasciende en la medida que señala *"haz lo que te diga tu corazón y Dios estará contento"*; trascendemos, en la medida que aquello que hacemos no se queda en nosotros, sino que más bien, se hace realidad cuando trasciende del cuerpo al alma y de mi alma a la tuya con el amparo y la protección divina.

El SABER se logra de múltiples maneras pero nosotros los cristianos sabemos que en el ver, que no es solo observar, sino más bien ir más allá y ver a Cristo en cada persona, dejar ir el juicio y ver la verdad que me hace dueño del conocimiento, que cada experiencia se convierte en maestra y ese saber se convierte en sabiduría *"...tu mente obtendrá sabiduría y probará la dulzura del saber"* (Proverbios 2:10), lo que nos orienta a pensar que tendrás que SABER de Dios, para poder llegar a Él. SABER es conocer y manejar la información de modo que pueda ser comunicada con eficacia.

La fundamentación en el SER de mi propuesta pedagógica, se basa, en que para SER tienes que saber hacer y saber, pues si no ERES no estás, si no sueñas no creas, si no sientes no vives. El HACER se refiere a que si no vas no llegas, si no empiezas no acaba, si no observa no ves. El SABER y el TRASCENDER tienen que ver con que si no sabes vivir, no sabes morir, si no sabes de amor no puedes amar, si no sabes de Dios no puedes llegar a Él.

En mi propuesta pedagógica, el maestro para ayudar a sus alumnos a alcanzar la libertad *"hace que suceda algo, hace la diferencia"*, en esta propuesta, el maestro es siempre un aprendiz, pues *"cuando deja de aprender deja de enseñar"* y alcanza su libertad cuando se quita la máscara y ayuda a sus alumnos a quitárselas, cuando se quita etiquetas y estereotipos para SER y dejar SER.

Mi propuesta pedagógica, busca sorprender al alumno para

involucrarlo en la búsqueda de nuevos aprendizajes: busca hacer del aula un espacio donde se crea y recrean escenas de la vida misma; donde se aclaren confusiones; donde se creen condiciones para enfrentar retos y desafíos; donde se concite la atención hacia aquello que despierta el interés de cada uno de los alumnos; donde seamos y dejemos ser; donde se enfrenten los conflictos armonizando voluntades; donde se saque al alumno de su zona de confort para colocarlo en zonas de aprendizaje para que descubra la magia de enfrentar los retos con libertad, paciencia, confianza y espontaneidad; donde el alumno enfrente en forma creativa el qué, el para qué, el cómo, el dónde y el cuándo; donde el alumno aprende que su libertad está en su interior, no en el que le queda al lado; donde el alumno gana confianza en sí mismo, en fin cuando aprendemos que la humildad, el desapego y el altruismo son valores necesarios para la convivencia humana.

En esta propuesta pedagógica desde el SER, propongo ir a la fuente y esa fuente está en el conflicto y las maneras como gestionamos el conflicto. El conflicto, que es *"una situación no armónica entre lo que pienso, lo que hago y lo que soy"*, lo que a su vez genera conflictos con las personas; considerándose entonces el conflicto como *"situación no armónica entre dos o más personas"*, entre las personas y las situaciones, entre las personas y el contexto.

Cuando el conflicto se agudiza, podemos caer en crisis y entonces, lo sabio es ir a la fuente, que no es más que expandir nuestra visión a nuevas oportunidades, volver a la sala de mi abuela y sentarme en una de sus mecedoras y escuchar el ruido de la máquina de coser, Singer, donde mi abuela no solo, cosía sino que hacia obras de arte: camisas que engalanaban al más exigente cliente, que a veces quedan grande, pero que hay que ajustar hasta llegar a la medida de cada quien; chacabanas con la precisión de quien sabe lo que hace y para quien lo hace; pantalones que hacían sentir a quien los usaba que tenían el control. Estar en casa, es como volver al redil, estar en el aula, pero consciente de que no puedes quedarte, pues te sientes pez grande en un estanque pequeño; pichón de ave con las alas grandes, preparado para emprender el vuelo; como el ganso, formando con los otros tu V, con el valor, la verdad y la vida para alcanzar la victoria; navegar en un barco rumbo a tu destino, timoneando con coraje la dirección de las velas y de fondo, un gran concierto donde dejamos *"que Dios dirija la orquesta, para recibir como gracia una hermosa melodía diseñada exclusivamente para ti"* (CFB).

SER significa equilibrio y realización, por tanto el equilibrio del ser, te lo das la realización de tu SER en función de lo que te emociona, lo que te involucras, lo que te desafía, y captura tu atención, lo que prácticas, pues *"eres lo que haces y sabes"*. Sin embargo, el SER es trascendente, por tanto, el saber se relaciona con la experiencia, con lo que piensas y razonas; ese conocimiento lo dejas pasar por las emociones, por lo que sientes y en función de eso actúas; para que tu forma de actuar deje huellas, sea trascendente y mueva tu espíritu, debemos apoyarnos en las cosas que sabemos, que decimos y que hacemos; de ahí, se apoya la armonía del verdadero yo, del SER, lo que constituye el mayor activo a la hora de vivir con plenitud. Para aprender y enseñar a partir del SER, hay que trabajar con el corazón del niño, niña y/o joven, centro del poder y el querer y con el cerebro, centro del saber y el hacer; trabajar el alma, esencia del SER.

Estrategias para trabajar el SER, desde una nueva propuesta pedagógica:

a) **El psicodrama:** es la estrategia didáctica a partir de la cual se trabajan los diferentes roles que juega el ser humano, desde el punto de vista psico-social, esta estrategia se fundamenta en el trabajo grupal, donde se da vida y representan personas y objetos en una trama, situación, problema o contexto.

b) **La parábola:** El uso de las parábolas como estrategia didáctica, imprime mucha libertad al proceso aprendizaje enseñanza porque permite el uso de esquemas poco rigurosos, puesto que es una historia larga o corta en movimiento, que implica una gran verdad, enseñanza o sabiduría a través de símbolos y/o situaciones figurativas. Con esta estrategia se trabajan operaciones mentales complejas en forma fácil, permitiendo: la reflexión, la comparación, las analogías, las relaciones…

c) **Las epístolas:** el aprendizaje y la enseñanza a partir de cartas constituye una estrategia muy dinámica, que personaliza mucho el proceso docente, pues cada carta va a ser interpretada en forma distinta por los alumnos haciendo de esta estrategia parte importante de los aprendizajes individualizados.

d) **El Estudio de casos:** Permite que los alumnos construyan su aprendizaje a partir del análisis y discusión de experiencias de la vida real, se conectan con teorías y principios. El estudio de casos, es una estrategia multidisciplinaria que el profesor usa de manera flexible para promover el logro de aprendizaje significativo, se centran en la experiencia y en la solución y/o contexto y permiten el desarrollo de capacidades reflexivas, críticas y de pensamiento.

e) **Mapas mentales:** también llamados mapas cognitivos, es una manera de organizar y secuenciar el pensamiento desde la concepción de un individuo.

- Los pensamientos se estructuran a partir de las ideas y sirven para resumir textos, libros y hacer proyectos, utiliza palabras que se generan en el hemisferio izquierdo del cerebro e imágenes que se producen en el hemisferio derecho del cerebro.
- En el mapa mental, se conectan las palabras con las imágenes.
- Es un juego con reglas, es un resumen de la organización del plan, estrategia o actividad.
- Consta de una idea central que se presenta a partir de un gráfico, y un conjunto de ideas plasmadas en actividades que ayudan a desarrollar la idea central.

f) **Aprendizaje por descubrimiento**
mentor: Jerome S. Bruner
- Enfoque basado en:
 a) El lenguaje y el entorno como medio para descubrir el conocimiento.
 b) Descubrimiento del conocimiento por medio del acercamiento a la situación planteada.
 c) Descubrimiento de relaciones y conceptos en niveles.
- Descubrimiento por niveles:
 Sencillo-complejo
 Abstracto-concreto
 Específico- genérico

g) **Aprendizaje por resolución de problemas,** Sarramona.
- Uso de estrategias algorítmicas: solución de proble-

mas a través de la identificación de variables.
- Uso de Estrategas heurísticas: solución de problemas a través de la confrontación de hipótesis

h) **Aprendizaje significativo**
- Mentor, David Ausubel
- Enfoque basado en:
Organizadores Previos (conjunto de afirmaciones o principios que anteceden a los conceptos)

i) **Mapas Conceptuales**: dispositivo curricular que contribuyen a organizar los contenidos conceptuales estratégicamente.

j) **La exposición:** presentación de un tema logicamente estructurado cuyo recurso fundamental es el lenguaje oral.
- Consiste en:
a) Presentación inicial con organizadores previos.
b) Presentación secuencial de la información.
c) Presentación y análisis para diferenciar los conceptos.
d) Vinculación de la nueva información con la estructura mental del que aprende.
e) Integración final.

k) **El proyecto integrador para la integración de los saberes:**

El proyecto integrador, es una estrategia pedagógica que consiste en un ejercicio de investigación que realizan los estudiantes en forma grupal y que permite integral los saberes disciplinares; dichos saberes se socializan a través de: posters, videos, foros, mesa de trabajo, debates… que le permiten a los estudiantes desarrollar competencias en función de las relaciones del saber, el saber hacer, el saber ser y el saber estar.

Como estrategia pedagógica, el proyecto de integración promueve competencias propias del quehacer investigativo y facilita la evaluación por procesos, con el seguimiento permanente de las habilidades para buscar información, integrarlas a partir del pensamiento crítico, el pensamiento creativo y el pensamiento trascendente a los procesos de construcción de aprendizajes significativos, conceptuales, procedimentales y actitudinales. La casuística es un método de razonamiento útil en analizar cuestiones de conciencia mediante la aplicación de principios o leyes morales a casos concretos.

www.ingramcontent.com/pod-product-compliance
Lightning Source LLC
Chambersburg PA
CBHW031948070426
42453CB00006BA/138